SCHOPENHAUER

Mémoires
sur les
Sciences Occultes

Magnétisme animal et Magie
Le Destin de l'Individu
Essai sur l'apparition des esprits et ce qui s'y rattache

Traduit de l'Allemand par G. PLATON
Avec Préface

PARIS
LIBRAIRIE DES SCIENCES PSYCHIQUES
PAUL LEYMARIE, ÉDITEUR
42, RUE SAINT-JACQUES, 42
1912
Tous droits réservés

SCHOPENHAUER

Mémoires sur les Sciences Occultes

Magnétisme animal et Magie
Le Destin de l'Individu
Essai sur l'apparition des esprits et ce qui s'y rattache

Traduit de l'Allemand par G. PLATON
Avec Préface

PARIS
LIBRAIRIE DES SCIENCES PSYCHIQUES
PAUL LEYMARIE, ÉDITEUR
42, RUE SAINT-JACQUES, 42
1912
Tous droits réservés

Mémoires
sur les
Sciences Occultes

NOTE BIBLIOGRAPHIQUE

SUR LES

Trois Mémoires de Schopenhauer traduits ici.

Le premier mémoire : « Magnétisme animal et Magie », « Animalischer Magnetismus und Magie » est un chapitre de l'ouvrage qui a pour titre : Ueber den Willen in der Natur, *et pour sous-titre : « Eine Erörterung der Bestätigungen welche die Philosophie des Verfassers, seit ihrem Auftreten, durch die empirischen Wissinschaften erhalten hat ».*

La première édition du livre est de l'année 1836 ; il paraît à Francfort-sur-le-Mein, chez l'éditeur Siegmund Schmerber. Deuxième édition, également à Francfort, chez Hermann, en 1854. Cette nouvelle édition est refondue et augmentée et reçoit une longue préface pleine d'intérêt.

On doit une troisième édition de l'œuvre à Frauenstädt, l'admirateur et l'ami de Schopenhauer, institué par lui son exécuteur testamentaire littéraire. Cette dernière édition est de

1867. L'édition de Grisebach utilise, en les rectifiant et les complétant d'après les indications, des manuscrits de Schopenhauer, déposés à la Bibliothèque de Berlin, et un exemplaire interfolié et annoté par Schopenhauer lui-même, les éditions précédentes.

Le mémoire sur le « Magnétisme animal et la Magie » figure au tome III de l'édition Grisebach, p. 295-323.

Le second et le troisième mémoire sont deux chapitres qui se suivent de l'ouvrage intitulé : Parerga und Paralipomena, *t. IV de l'édition Grisebach, p. 231-255 et 259-349.*

Le premier a pour titre exact : Transcendente Speculation über die anscheinende Absichtlichkeit im Schicksale des Einzelnen.

Le second a pour titre : Versuch über Geistersehn und was damit zusammenhängt.

Les Parerga und Paralipomena, *que Schopenhauer, dans une lettre à Frauenstädt, désigne lui-même comme* Opera mixta, *paraissent en deux tomes à la librairie Hahn, à Berlin, en 1851. L'auteur les avait vainement présentés antérieurement à trois éditeurs de province, bien que renonçant à tous droits d'auteur.*

Frauenstädt en a donné une deuxième édition, améliorée et considérablement augmentée, en 1862 : Parerga und Paralipomena. *« Zweite, verbesserte und beträchtlich, vermehrte Auflage, » 1862.*

De cet ouvrage l'auteur dit lui-même, dans sa préface, que le premier des deux volumes qui le composent et auquel convient proprement le titre de Parerga, *est plutôt un recueil de dissertations se suffisant à la rigueur chacune à elle-même, sans qu'il soit nécessaire de les rapporter à sa philosophie; — tandis que le second ne contient guère que des compléments et des explications à son principal ouvrage :* le Monde comme volonté et comme représentation.

PRÉFACE

Nous avons l'honneur de présenter en français au public, réunis ensemble, trois opuscules de Schopenhauer figurant dans des œuvres diverses. Ces opuscules ont trait à des sujets que l'on considère généralement comme rentrant dans le domaine des Sciences Occultes. Est-ce donc un occultiste que Schopenhauer ?

Non. Schopenhauer n'est pas un occultiste. Schopenhauer est un philosophe, un homme d'étude, un critique, un de ces hommes qui aiment mieux voir agir les autres qu'agir eux-mêmes ; un de ces esprits sincères et curieux qui ne se scandalisent pas, ne se troublent pas des manifestations rares et extrêmes de la vie, sachant que tout a une raison d'être et qu'il n'est pas de trop de toute notre intrépidité pour nous faire tant bien que mal une idée bien insuffisante du mystère des choses.

Schopenhauer n'a pas été un occultiste. Il n'a été mage ni sorcier ; il n'est pas allé au sabbat, il n'a envoûté personne à moins que ce ne soit, quand il était jeune, cette actrice de je ne sais quel théâtre de Berlin, qu'on voit figurer dans son testament.

Voici ce qui est arrivé : cet homme, en faisant sa construction du monde, en bâtissant sa philosophie, s'est tout naturellement trouvé porté par le courant de sa pensée comme au seuil des redoutables questions, auxquelles l'occultisme a eu de tout temps la prétention de répondre. Que faire ? Il lui a bien fallu, bon gré, mal gré, porter son attention sur ces questions et prendre parti. Quand je dis bon gré mal gré, je fais tort à Schopenhauer. Tous ceux qui le connaissent savent que ce philosophe, auquel on ferait volontiers une réputation d'humour fantasque et de caprice, a été un des penseurs les plus consciencieux de notre temps, incapable de déserter pour n'importe quelle raison, peur ou respect humain, un devoir intellectuel quelconque et de ne pas pousser la sincérité jusqu'au bout. La devise de sa vie a été celle de son principal ouvrage : *Vitam impendere Vero;* et on sait aussi comment il n'a pas eu assez de dédain pour ces *philosophastres* qui ne voient dans la philosophie qu'une façon de prendre le vent et de faire au mieux leur chemin dans le monde.

Notre philosophe ne devait donc pas reculer devant l'obligation d'envisager ces questions en face et d'y répondre. Et il y a répondu, en effet.

A la question : la magie, la sorcellerie est-elle possible? il a répondu sans ambages : oui; la magie, la sorcellerie est possible. Oui, on peut se rendre coupable de meurtres invisibles. Il est bien vrai que la volonté agit meurtrièrement à distance; le mauvais œil est une réalité; l'envoûtement une réalité; c'est avec justice que le sorcier, le sorcier que la légèreté moderne, Schopenhauer dirait la *sottise*, a tenté de réhabiliter tout comme le bandit, a été poursuivi par des générations, au fond plus éclairées que nous, et parfois cruellement frappé.

A la question qui nous touche non moins de près : qu'est-ce qui fait notre destinée? qu'est-ce que cette fatalité qui dispose à notre insu des événements de toutes sortes à travers lesquels notre vie se déroule pour nous conduire vers des buts qui semblent voulus par une intelligence supérieure, pleine de prévoyance? — Schopenhauer répond : c'est le dieu qui habite en nous, qui est nous-mêmes; c'est notre volonté profonde et subconsciente dont l'instinct s'efforce de nous faire une destinée conforme à nos aspirations les plus secrètes et les plus vraies. C'est le démon de Socrate; ce sont les voix de Jeanne, la bonne Lorraine, ce sont les voix profondes qui nous hèlent comme elles hèlaient Hamlet. Ce sont ces avertissements, ces instincts mystérieux que certains avouent avoir joué un rôle décisif, à un certain moment, dans leur vie. Hasard, fatalité disent les uns ; providence, démon, génie familier qui est notre moi le plus intime, disent les autres, et qui sait mieux que nous-mêmes ce qui nous convient et ce qu'il nous faut. On verra de quelle manière curieuse, pénétrante, Schopenhauer sait définir ce génie qui veille sur nous et qui sait si bien parfois écarter les suggestions trompeuses de la raison raisonnante.

C'est dans le 3ᵉ mémoire que Schopenhauer traite le plus à fond les questions peut-être les plus importantes au point de vue général. Nous avons vu que pour lui, il ne fait pas doute que la volonté individuelle puisse agir à distance. Le magnétisme, la magie, la sorcellerie sont une réalité. Mais la Connaissance, peut-elle, elle aussi, comme la volonté, sous certaines conditions, s'affranchir de l'Espace et du Temps ? Peut-il se faire que, pour elle, il n'y ait ni près, ni loin, ni avant, ni après? L'Intelligence peut-elle voir *directement* le passé et l'avenir ou, en d'autres termes, est-il possible que pour elle le Passé et l'Avenir soient comme le Présent? soient un véritable Présent?

Et Schopenhauer encore de répondre : oui. Oui, les faits de vue à distance; oui, les faits de télépathie; oui, ceux de divination. L'œil intérieur de la connaissance ne connaît pas plus d'obstacle que la volonté. L'absent apparaît donc à l'absent; l'ami mourant à des milliers de lieues se montre à son ami. Le Passé agit sur l'organe spécial de cette connaissance, tout comme le Présent peut le faire sur l'organe de la connaissance ordinaire; et de même l'Avenir. Et voilà que dans ce troisième mémoire, le disciple de Kant fait un pas de plus et ose déclarer possible, au nom de la saine méthode et de la spéculation sérieuse, cette chose formidable, les apparitions d'esprits, une certaine communion des vivants et des morts. Le vieil Hamlet a pu apparaître à son fils, et c'est bien l'ombre de Banquo, Banquo lui-même, qui oppresse son meurtrier, Macbeth.

Tout cela est grave et n'est pas sans conséquences, tant au point de vue individuel qu'au point de vue social, pour nous aider à mieux comprendre et la vie de l'individu et celle du groupe.

C'est tout d'abord certains faits étranges, certaines manifestations extraordinaires de la vie de l'individu, dont la réalité nous est cependant attestée de la manière la plus certaine, qui gagnent, pour ainsi dire, du coup, droit de cité dans le monde de la pensée. A côté de la vie normale, la vie normale de l'espèce, il y a pour l'individu une vie anormale possible, une vie exorbitante des cadres de l'expérience ordinaire, dont les artistes, les poètes, les romanciers, ont eu, à toutes les époques, plus ou moins le sentiment, et qui fait de ceux qui en sont le théâtre des êtres, en un certain sens, *surhumains*. Il y a ceux qui peuvent plus que les autres hommes par la Magie ; il y a ceux dont le sens intérieur, débarrassé des liens de l'Espace et du Temps, voit le distant, voit l'avenir et le passé ; il y a ceux qui ont accès auprès des morts et auprès des dieux : il y a le sorcier, le nécromancien, l'illuminé, le voyant, la sybille, la Pythie, Phébus Apollon, dont la traînée lumineuse remplit tout le ciel antique en attendant que se lève cet autre Astre plus éclatant encore, venu d'un Ciel plus lointain, notre Astre, le Christ. Tout devient alors, dans l'histoire, compréhensible ; au lieu qu'auparavant tout était incertitude et ténèbres.

Ce fait d'une importance capitale : le rôle si considérable de la Divination et de l'Oracle dans l'histoire antique, ce rôle auquel ont été consacrés tant et de si volumineux ouvrages ; que tous les historiens, je dis les plus grands, ont bien dû reconnaître sans pouvoir l'expliquer ; qui a fait verser des flots d'encre et suscité tant d'hypothèses et d'explications aussi ingénieuses qu'éphémères ; ce rôle, dis-je, de la

Divination et de l'Oracle Antiques se comprend alors ; et c'est, du coup, un grand lambeau du voile, qui nous dérobe le mystère des choses, qui tombe comme par enchantement.

Considérez, je vous prie, l'impuissance de la critique religieuse rationaliste à expliquer le rôle si important qu'a joué la religion dans toutes les sociétés humaines. Inventions, supercheries des prêtres, cupidité.... Les philologues ajoutent : vie mythologique du mot.... Sans doute tout cela a pu jouer, a joué un grand rôle. Mais le point de départ, le germe, le noyau initial de cette floraison, c'est ce qu'on n'explique pas. Faire quelque chose de rien, cela dépasse la puissance de l'homme.

La nouvelle Science des religions, née d'hier, — ce qui ne lui enlève rien de sa confiance en elle-même, — la Science nouvelle s'attaque, à son tour, au problème. Cette fois-ci, c'est bien le germe, le noyau initial dont elle essaie de rendre compte par les procédés qui lui sont propres. *Du personnage du magicien et de l'origine des pouvoirs magiques dans les sociétés australiennes*, tel est le titre d'un opuscule de M. Mauss, sur ce point capital de critique religieuse qui nous occupe[1].

Quelles sont les conclusions de M. Mauss ? « En somme, dit-il, p. 50, tout se passe ici sur un terrain mouvant où le *mythe* et le *rite*, les *sensations*, les *illusions* et les *hallucinations* se mêlent, non sans harmonie, pour former une image traditionnelle du magicien, image *grossie chez les autres membres de la tribu*, atténuée chez lui, mais à laquelle s'attache, en son esprit, une croyance ferme et relativement peu feinte ».... Et ailleurs, p. 54 : « Les pouvoirs qui le rendent apte à sa profession et qu'il est censé avoir puisés dans le monde des forces surnaturelles, dans le monde du *mana* lui-même, ces pouvoirs, ces es-

---

1. V. *Rapport sommaire sur les conférences de la section des sciences religieuses de l'Ecole des Hautes-Etudes de l'exercice 1903-1904.*

prits, n'ont d'existence que par le *consensus social*, l'opinion publique de la tribu. C'est l'opinion publique que le magicien suit et dont il est à la fois l'exploiteur et l'esclave. » — Donc *mythe, rite, image traditionnelle*, formée et imposée au sorcier tout le premier par le *consensus social*, l'opinion publique de la tribu ; *pouvoirs prétendus* qui n'ont d'existence que par ce même *consensus social* : voilà dans la pensée de M. Mauss l'origine du pouvoir du sorcier, l'explication du germe, du noyau, d'où doit sortir toute la floraison religieuse. Les faits ne cadrent pas avec son parti pris. Il est à un certain moment obligé de parler des *sensations*, des *illusions*, des *hallucinations* propres au sorcier ; il est forcé de constater que « c'est par la *révélation* que la *vertu magique* s'acquiert dans la plupart des tribus australiennes ; que c'est *normalement* au cours d'un rêve ou d'un *état extatique* ou *demi-extatique* que cette révélation se produit ». N'importe ; le préjugé est le plus fort. Ayant laissé échapper que

« les initiations par les magiciens sont à quelque degré des révélations, » il corrige aussitôt en disant (p. 49) que la « *révélation* [qui se fait en l'individu de ses pouvoirs] *ne fait que donner accès à la corporation des magiciens* ». Mythe, illusion et *mensonge collectif, supercherie, truc* : M. Mauss et la nouvelle école se trouvent en être restés tout juste au même point que la critique voltairienne[1].

Il est vrai que nos contemporains aiment à s'intituler de préférence Sociologues ; qu'ils ne connaissent que la psychologie des masses et que l'*individuel*, qui est pourtant le *premier* dans l'ordre de la connaissance, ils n'en ont cure.

Décidément les vues de Schopenhauer gardent toute leur importance ; et il y a là comme un poste d'observation des plus élevés où l'on puisse se tenir pour envisager la suite de l'histoire humaine.

***

[1]. Cela est vrai de l'*Orpheus* de REINACH, livre de propagande libre-penseuse sans valeur scientifique.

Pourquoi donc cette philosophie occultiste de Schopenhauer n'est-elle pas connue? On a fait connaître au public son sentiment sur les femmes : on avait besoin de savoir comment elles l'avaient traité. On lui a livré ses *Maximes et aphorismes de sagesse pratique;* tous ses grands ouvrages didactiques ont été traduits, il y a longtemps. Seuls nos trois courts mémoires sont restés longtemps à attendre leur traduction. Pourquoi?

C'est qu'ils s'occupent de questions qui sont le point brûlant de la philosophie, les vérités qui gênent. Nous sommes à une époque qui n'aime pas qu'on la dérange. Ce que nous voulons, c'est, chacun, poursuivre silencieusement, sournoisement, son but de lucre ou de plaisir. Il est entendu que l'intelligence ne doit pas être un moyen de spéculation désintéressée, mais tout juste un instrument de ruse pour arriver le plus rapidement possible au but immédiat. Il ferait beau la voir se cabrer généreusement devant les besognes petites, sordides ou

quelquefois criminelles qu'on lui demande !
On voulait autrefois qu'avant de partir à
la recherche du vrai, elle se purifiât, elle se
débarrassât des fanges du calcul intéressé,
en quête du profit. On réclame d'elle aujourd'hui de voir tout juste ce qui peut
être utile à l'individu et rien que cela.

Les opuscules que nous donnons au public ne sont pas faits pour les intelligences
qui ont peur de voir.

Je demande la permission de terminer
ces quelques mots de préface par un souvenir personnel.

C'était dans une réunion publique provoquée par un groupement quelconque,
une *Jeunesse* quelconque.... L'orateur était
un politicien qui, après avoir été assez
longtemps l'Eliacin alangui de la *Revue
Blanche*, a préféré la réputation plus
bruyante d'une politique à tous crins. Il y
avait pour patroner la réunion des hommes
graves et considérables : juristes, méde-

cins, universitaires. Le sujet était un de ces lieux communs qui font l'effet d'affiche criarde : quelque chose comme « Libre-Pensée, Progrès et Religion ».

Ce fut lamentable. A cette jeunesse : commis de magasins, jeunes bureaucrates, étudiants, étudiantes, à laquelle, semble-t-il, l'orateur, sans doute père de famille, était moralement tenu de faire entendre de graves paroles sur un sujet grave, on débita l'histoire de la Vierge et du soldat Penthéra, les plaisanteries les plus douteuses sur la Virginité et la Trinité, que sais-je? Tout le bric-à-brac des pensées les plus plates fut exhibé pour la circonstance... Ce fut lamentable pour l'orateur à plaindre; lamentable pour les organisateurs, pour les hommes graves patronant l'œuvre.

Evidemment, les présents mémoires ne sont pas faits pour une bonne partie du public qui assistait là et qui avait le triste courage d'applaudir aux grossières inconvenances de l'orateur. Ils s'adressent aux esprits sérieux, cultivés, aux intelligences de bonne volonté.

*_**

Ils s'adressent aussi et, avant tout, aux chrétiens. J'oserai dire, qu'à notre époque, Schopenhauer doit être le meilleur auxiliaire du christianisme. Il n'est que trop vrai que ce qui manque le plus aux chrétiens de nos jours, c'est le sens, le sentiment profond des vérités fondamentales de la foi. Il est bien certain que notre christianisme est un christianisme édulcoré, un christianisme pour messieurs qui aiment leurs aises et pour dames qui prétendent à tout prix concilier Dieu et Satan. Un dogme comme celui du péché originel ; le fait de notre misère morale et de notre égoïsme fondamental; celui de l'immutabilité du caractère sous les changements apparents de l'attitude et les déguisements sans fin de l'amour-propre; la difficulté et pourtant la nécessité de la transformation complète de notre moi naturel en un autre moi dont la loi est toute différente de celle du premier ; la nécessité de passer du royaume de la nature au royaume de la grâce ; tout cela ne dit pas grand'chose à la plupart des chrétiens les plus fervents et les plus pieux. On trouvera chez Schopenhauer une vue directe et profonde de ces vérités. Son pessimisme est la base même du christianisme.

Requiem æternam dona eis, Domine, dit la Liturgie : donne-leur à jamais le calme, le repos des passions, le renoncement à la vie. — L'abolition de la volonté de vivre : voilà la délivrance, le salut pour Schopenhauer.

Qu'est-ce que ce repos éternel de l'Eglise ? qu'est-ce que cette abolition de l'être phénoménal qui est, pour Schopenhauer, le salut ? Ni l'une ni l'autre ne s'attachent à définir d'une manière positive cet état qui est pour chacun d'eux respectivement la délivrance et la terre promise. Mais on trouve ici et là les traits essentiels de la même conception. C'est un état d'où la notion positive de temps se trouve complètement exclue. L'élu, le racheté aura échappé au Temps et à l'Espace.

Comment s'accomplira cette délivrance? C'est ici que se marquent les oppositions.

Le christianisme fait intervenir, comme acteur jouant le rôle principal dans le grand drame du salut final, le Dieu rédempteur, le Dieu qui remet les péchés, qui au lieu de les tenir devant lui pour irriter sa colère les met derrière lui pour les oublier :

Tu autem eruisti animam meam, ut non periret; projecisti post tergum tuum omnia peccata mea; le Dieu qui a dit cette parole grave et profonde qui résonne comme une solennelle parole d'appel à travers les espaces et les mondes.... « *Je suis la résurrection et la vie; celui qui croit en moi sera sauvé;* » le Dieu qui s'insinue dans l'âme pécheresse, qui remplit l'office d'un levain pour faire lever la pâte ; qui la tire de la mort où elle était, qui la ressuscite pour l'éternité. L'homme est sauvé de la mort, c'est-à-dire de la vie par l'action de Dieu, par la Grâce.

Comment se fait pour Schopenhauer ce même rachat de la vie?

Le philosophe ne se fait pas d'illusion sur la difficulté de l'œuvre. « Le fait de la régénération, dit-il[1], suppose cette opposition, cette contradiction réelle : *l'action de la liberté en soi, supérieure à toute nécessité, dans le monde des phénomènes soumis à la nécessité.* » Et encore, un peu plus haut[2] : « La négation de la volonté de vivre est le seul acte par lequel la volonté intervienne comme *libre* dans le domaine des phénomènes et cette *intervention* est ce que Asmus qualifie de changement transcendant. »

Dans le même ouvrage, page 506, on lit encore : « D'une manière générale la négation de la volonté, résultat de la souffrance, ne sort pas de sa cause *nécessaire-*

---

[1]. Le monde comme représentation et comme volonté, p. 516. — J'avertis une fois pour toutes que je me suis servi, pour la traduction des mémoires et pour les citations que je puis avoir à faire, de l'édition d'*Eduard Grisebach*, dans la bibliothèque *Reclam*.

[2]. *Op. cit.* p. 511.

ment ; la volonté reste libre. C'est même le *seul point*, où la volonté intervient *immédiatement* dans le phénomène.... Il faut se représenter que toutes les fois qu'il y a souffrance, la volonté peut lui être supérieure en force et *rester libre.* »

Comment peut se faire cette intervention de la *volonté en soi* dans le monde des phénomènes soumis à la nécessité? « Par la connaissance, explique notre auteur. *Op. cit.*, p.517. Ce que les mystiques chrétiens appellent action de la Grâce et régénération, dit-il, est, pour nous, la seule manifestation immédiate de la *liberté* de la volonté. Parvenue, en effet, à la connaissance de son essence, la volonté, alors seulement, est libre : *elle reçoit de cette connaissance une vertu d'apaisement* et elle est par là justement soustraite à l'action des motifs.... Il ne dépend pas de nous, de nos efforts de volonté de réaliser en nous cette négation de la volonté de vivre.

Ce fait du vouloir vivre se niant lui-même

provient de la Connaissance : et toute connaissance et compréhension, comme telle, est indépendante de la volonté. La négation du vouloir vivre, l'entrée dans le royaume de la liberté n'est pas un but qu'on puisse violemment se proposer d'atteindre ; c'est le résultat du plus intime rapport qui puisse exister dans l'homme entre la connaissance et la volonté. C'est pour cela qu'il se produit soudain et se précipite comme du dehors.... P. 516 ; l'état dans lequel le caractère est soustrait au pouvoir des motifs ne vient pas *immédiatement de la volonté* mais d'un mode nouveau de *connaissance*. Quand le principe d'individuation a été percé à jour, l'idée, j'entends l'essence même des choses en soi, en tant qu'elle est la même Volonté en tout, est connue immédiatement ; et de *cette connaissance sort* la pacification de la volonté. »

Tout cela est bientôt dit. Cela suffit-il pour se tirer d'affaire ? Cette volonté en soi, qui, — après le premier acte de liberté qui a fondé le caractère empirique et phénoménal — peut ainsi, à l'occasion de la souffrance, intervenir à nouveau complètement libre et changer tout d'un coup le cours du moi phénoménal ; cela m'a tout l'air d'un *deus ex machinâ* apparaissant *in extremis*.

D'autre part, si ce n'est pas la connaissance ordinaire, la connaissance par le principe de raison, la connaissance simple expression de la volonté de vivre, qui peut ainsi sauver cette volonté d'elle-même, qu'est-ce donc que cette connaissance particulière, immédiate, *intuitive*, p. 472, qui nous fait reconnaître dans l'individu étranger la même essence qu'en nous-même? » qui nous fait admettre que « notre semblable et nous-même nous ne formons qu'un? » qui fait croire au méchant « qu'il n'est pas seulement le bourreau mais qu'il est aussi la victime, la victime dont les souffrances ne lui sont étrangères que parce qu'il en est séparé par ce rêve changeant et éphémère, dont la forme est l'espace et le temps ; et qu'il lui faut en réalité payer le plaisir par la souffrance, toute souffrance *qu'il reconnaît seulement comme possible le touchant réellement comme volonté de vivre?* Ce n'est que pour l'individu connaissant et grâce au *principium individuationis* que *possibilité et réalité, proximité et éloignement* dans l'espace et le temps sont choses diverses, ne l'étant pas en soi. » Cette connaissance est « intuitive », et cependant il semble qu'elle soit forcée de *calculer* qu'il lui faut en réalité « payer le plaisir par la souffrance, toute souffrance que l'individu connaît seulement comme possible le touchant réellement comme volonté de vivre. »

N'est-ce pas là, connaissance médiate, discursive? morale fondée sur un certain intérêt du moi, cette morale qui pour Schopenhauer n'en est pas une? Y a-t-il vraiment le changement transcendant dans lequel Schopenhauer voit le caractère essentiel de la vraie moralité? Avons-nous vraiment un fait de liberté de la chose en soi : ou ne serions-nous pas encore dans le phénomène ?

Une autre objection, c'est celle qui se tire du *monisme* de Schopenhauer. La chose en soi, d'après ce que dit Schopenhauer, est unique ; tous les individus sont indistinctement elle-même ; elle est la même en tous et elle est *toute* en tous. P. 486 « quand le principe d'individuation est percé à jour, il y a reconnaissance immédiate de l'*identité* de la volonté dans toutes ses manifestations. »

Identité, unité : peut-on vraiment parler ainsi ? Identité, unité, ces choses ne relèvent-elles pas de l'intelligence ? de nos concepts personnels ?

Et si nous avons le droit ou s'il y a nécessité pour nous de parler d'identité, ou de différence, d'un, d'autre, ne sommes-nous pas autorisés à parler de multiple, de divers, puisque la chose en soi ne se manifeste à nous que sous les espèces de la diversité phénoménale ?

Et alors, tout en admettant que ces

choses en soi existent en dehors de l'espace et du temps, qu'elles sont tout autres qu'elles ne paraissent dans le monde physique, on pourrait admettre qu'elles sont *multiples*, admettre, — comme fait Schopenhauer, admettant la magie, — qu'elles peuvent agir les unes sur les autres en dehors de l'espace et du temps d'une manière mystérieuse.

Alors peut-être ce changement complet que suppose la sainteté, la moralité vraie et la substitution en l'homme de l'homme nouveau au vieil homme, se comprendrait un peu. Il y aurait place pour Dieu et pour sa grâce. *Ego sum resurrectio et vita. Qui credit in me vivet.* L'homme tombé ne peut pas se relever par ses propres forces. Comment tombé se relèverait-il? Comment s'évaderait-il de la prison de la vie où il s'est *volontairement* précipité une première fois? Mais pourquoi grâce à un secours *étranger* ne serait-il pas restauré en son premier état?

Ce secours étranger, ce médiateur c'est

le fils de Dieu, Dieu lui-même. Comment agit-il sur nous ? Il agit par l'intermédiaire de la connaissance. Il se révèle à nous comme l'essence idéale de l'homme, comme l'homme avant sa chute ; et du coup il juge et condamne l'homme déchu, l'homme réel, l'Adam corrompu qu'il est, mais en même temps, par un charme indéfinissable et profond il l'attire et le soulève à lui.

Quelle est la seule condition à remplir du côté de l'homme ? de laisser opérer en lui la grâce, la sollicitation ? de croire en l'idéal qui se révèle, l'idéal vivant qui travaille la volonté mauvaise et, en l'homme naturel, fait lever l'homme nouveau....

Comment la volonté en soi peut-elle revenir sur sa décision première, sur son péché qui l'a si malheureusement introduite dans le monde des phénomènes ? Par la magie secourable de ce Magicien prodigieux que les chrétiens appellent Jésus. Le mot est de Caldéron, de ce prêtre, le plus grand dramaturge de l'Espagne, qui a écrit cette pièce, étonnante par la profondeur et la liberté d'esprit, où Jésus figure comme « el Magico prodigioso ».

G. PLATON.

Mémoires sur les Sciences occultes

I

Magnétisme animal et Magie.

Un chapitre de l'œuvre intitulée :
« DE LA VOLONTÉ DANS LA NATURE »

Ou comment les sciences exactes sont venues confirmer la philosophie de l'auteur depuis le moment de son apparition.

Lorsque, en 1818, parut mon grand ouvrage, il n'y avait pas longtemps que le magnétisme animal avait conquis pour la première fois son droit à l'existence. Mais pour ce qui est de l'explication à en donner, — pour le côté passif, en ce qui concerne le rôle du patient, — un tout petit peu de lumière seulement s'était faite avec la théorie de Reil et l'opposition signalée par lui entre le système cérébral et le système ganglionnaire dont il faisait le principe d'explication. Le côté actif, la nature de l'agent particulier, par lequel le magnétiseur provoquait ces phénomènes, restait encore en pleine obscurité. On était encore à tâtonner, à choisir entre les principes d'explication matériels de toutes sortes depuis l'éther mondial pénétrant tout, comme le voulait Mesmer, jusqu'aux émanations de peau du magnétiseur dans lesquels Stieglitz voyait la cause du phénomène, et tant d'autres encore. Puis on en vint à un fluide nerveux (Nervengeist); mais ce n'est qu'un mot pour une cause inconnue. A peine quelques-uns, adonnés plus profondément à la pratique, pouvaient-ils commencer à entrevoir la vérité. Mais j'étais encore bien loin d'attendre du magnétisme une confirmation directe de ma doctrine.

Dies diem docet : depuis ce temps, l'expérience, ce grand maître, a mis en lumière que cet agent, si puissant, — qui, partant du magnétiseur, provoque des phénomènes si contraires, en apparence, au cours normal de la nature qu'il faut pleinement excuser le doute qu'ils ont suscité si longtemps, l'incrédulité obstinée, la condamnation portée contre eux par une commission comptant parmi ses membres Franklin et Lavoisier, tout en un mot ce qui s'est passé dans la première et seconde périodes d'hostilité contre le magnétisme — (tout sauf les préjugés grossiers et stupides, excluant toute recherche qui ont dominé presque jusqu'à maintenant en Angleterre) ; — depuis ce temps l'expérience, dis-je, a mis en lumière que cet agent n'est pas autre que la *volonté* du magnétiseur. Je ne crois pas qu'actuellement, parmi ceux qui joignent la pratique à quelque théorie, il subsiste le moindre doute sur ce point, et j'estime par suite superflu de citer les nombreuses déclarations de magnétiseurs qui sont dans ce sens[1]. Et c'est ainsi que la devise de Puységur et des anciens magnétiseurs français *veuillez et croyez* c'est-à-dire « veuillez avec confiance » a été non seulement confirmée par le temps mais est devenue une juste conception du cours des choses[2]. Du livre de Kieser le *Tellurisme*

---

[1]. Je ne veux citer qu'un écrit tout récent qui a manifestement la prétention de démontrer que la volonté du magnétiseur est proprement ce qui agit : *Qu'est-ce que le magnétisme?* par E. Gromier, Lyon, 1850 (Addition à la 3ᵉ édition).

[2]. Mais déjà dès 1784, Puységur dit : « Lorsque vous

qui est bien encore le *Manuel de Magnétisme animal* le plus fondamental et le plus complet, il ressort à suffisance qu'aucun acte de magnétisme n'est efficace sans la volonté, qu'au contraire il suffit de la simple volonté, sans acte extérieur, pour provoquer l'action magnétique. La manipulation ne paraît être qu'un moyen de fixer l'acte de la volonté, d'arrêter sa direction et comme de l'incorporer. C'est dans ce sens que Kieser dit (Tellurismus, vol. I, p. 379) : « Il y a manipulation magnétique toutes les fois que le magnétiseur se sert, pour agir, de ses mains considérées comme les organes qui traduisent le plus nettement l'activité agissante de l'homme, c'est-à-dire la volonté. » Un magnétiseur français, de Lausanne, dit encore bien plus nettement sur ce point, dans les *Annales du Magnétisme animal*, 1814-8116, fascicule IV : « L'action du magnétisme dépend de la seule volonté, il est vrai, mais l'homme ayant *une forme extérieure et sensible*, tout ce qui est à son usage, tout ce qui doit agir sur lui, doit nécessairement en

avez magnétisé le malade, votre but était de l'endormir, et vous y avez réussi par le seul acte de votre volonté; c'est de même par un autre acte de volonté que vous le réveillez » (Puységur, magnétisme animal, 2ᵉ édition, 1820; Catéchisme magnétique, page 150-171).

avoir une, et, pour que la volonté agisse, il faut qu'elle emploie un mode d'action. » Comme, d'après ma doctrine, l'organisme est la simple manifestation de la volonté, la volonté rendue visible, objectivée, ou même que ce n'est proprement que la volonté elle-même existant comme représentation dans le cerveau, il s'ensuit que l'acte extérieur, la manipulation, coïncide tout à fait avec l'acte intérieur de volonté. Quand l'acte extérieur fait défaut, il y a bien action; mais l'action est alors jusqu'à un certain point artificielle, indirecte : l'imagination remplace l'acte extérieur, parfois la présence réelle, mais par suite aussi elle est beaucoup plus difficile; le succès est moins fréquent. Aussi Kieser prétend-il que le mot « dors! », « il faut que tu dormes » prononcé à haute voix par le magnétiseur, agit bien plus que son acte de volonté simplement intérieur. — Au contraire, l'acte extérieur, la manipulation sont proprement d'une manière générale un moyen immanquable de fixer la volonté du magnétiseur, de la mettre en activité, précisément parce qu'on ne peut agir extérieurement qu'autant qu'on veut, puisque le corps et ses organes ne sont rien que la volonté même devenue visible. On comprend par là que des magnétiseurs, parfois, magnétisent sans tension consciente de la volonté et presque sans pensée, et cependant agissent. D'une manière générale, ce n'est pas la conscience que la volonté a d'elle-même, le travail de réflexion dont elle est l'objet, qui agit magnétiquement; c'est la volonté elle-même, la volonté pure, la volonté le plus possible séparée de toute représentation. C'est pour cela que dans les instructions que donne aux magnétiseurs Kieser (*Tellur.*, t. I, p. 400 et suivantes), nous trouvons rigoureusement interdit tout ce qui est pensée et réflexion du médecin et du patient, action et réaction mutuelle de l'un sur l'autre, toute impression extérieure ayant pour effet d'éveiller la pensée, toute conversation entre eux, toute présence étrangère, jusqu'à la lumière du jour : il faut que tout, autant que possible, se passe inconsciemment ; tout comme lorsqu'il s'agit de cures sympathiques. La véritable raison de tout cela c'est qu'ici la volonté agit comme chose en soi, dans son essence première : ce qui demande que la représentation, domaine distinct de la volonté, phénomène secondaire, soit le plus possible exclue. Les preuves de cette Vérité, que, ce qui agit réellement dans le magnétisme, c'est la volonté et que tout acte extérieur n'est qu'un véhicule, on les trouve dans tous les écrits les plus récents et les meilleurs sur le magnétisme, et ce serait une superfluité bien inutile de les reproduire ici. Je veux cependant en placer *une*, non qu'elle soit particulièrement frappante, mais parce qu'elle vient d'un homme extraordinaire et qu'elle a l'intérêt particulier qui s'attache à un tel témoignage. C'est Jean Paul qui dit dans une lettre (qu'on trouve dans l'ouvrage : Wahreit aus Jean Pauls Leben, t. VIII, p. 120) : « J'ai, dans une société nombreuse, par deux fois, mis presque en état de sommeil, par de simples regards chargés de volonté, dont personne ne se doutait, une dame de K., après lui avoir occasionné des coups au cœur et l'avoir fait pâlir, au point que S. dût lui venir en aide. » Même aujourd'hui encore, souvent, on trouve substituée avec un plein succès, à la manipulation ordinaire, le simple contact des mains du patient prises dans les mains du magnétiseur, à condition que ce dernier regarde le magnétisé fixement; et tout simplement parce que cet acte extérieur est propre à donner à la volonté une certaine direction. Ce pouvoir immédiat, que notre volonté peut exercer sur autrui, est mis en lumière, mieux que par toute autre chose, par les merveilleuses expériences de Du Potet et de ses disciples; expériences faites à Paris publiquement et dans lesquelles M. Du Potet, par sa seule volonté accompagnée du moins de gestes possible conduit à sa fantaisie les pas et démarches d'une personne étrangère, la contraint aux contorsions les plus inouïes. Un court récit de ces faits nous est donné dans un petit écrit qui porte toutes les marques extérieures du plus grand sérieux : ce livre s'appelle « Erster Blick in die Wunderwelt des Magnetismus von Karl Scholl, 1853[1]. »

---

[1]. En l'année 1854, j'ai eu le bonheur de voir ici les faits extraordinaires que produisait dans cet ordre M. Regazzoni de Bergame, dans lesquels on ne saurait méconnaître le pouvoir immédiat, donc magique, de sa volonté sur autrui, et dont l'authenticité ne saurait être mise en doute que par une personne à laquelle on aurait refusé toute faculté de compréhension des états pathologiques. Je sais qu'il existe des sujets de cette sorte : il faut en faire des juristes, des hommes d'Eglise, des marchands ou des soldats; mais, au nom du ciel, pas de médecins, le résultat serait funeste, vu que, en médecine, c'est le diagnostic qui est le principal. — La somnambule en rapport avec lui, il pouvait à volonté la mettre en état de catalepsie, par son simple vouloir; sans geste, il pouvait, quand elle s'éloignait de lui, lui étant derrière elle, la faire tomber en arrière sur le dos. Il pouvait la paralyser, la jeter dans des crises spasmodiques, avec les pupilles agrandies, une insensibilité complète, les signes les plus manifestes d'un état de

Une preuve d'une autre nature de la vérité, dont il s'agit ici, nous est fournie par les *Mittheilungen über die Somnanbule*

catalepsie complète. Il força une dame qui était dans l'assemblée à jouer du piano et, ensuite, se tenant à quinze pas derrière elle, par la volonté accompagnée du geste, il la paralysa au point qu'elle ne pût plus jouer. Il la mit ensuite contre une colonne et le sortilège fut tel qu'en dépit de tous ses efforts, elle ne pût quitter la place. — Tous ces faits à mon avis peuvent s'expliquer de cette façon : ou bien il isole le cerveau de la moelle épinière complètement et alors tous les nerfs sensitifs et tous les nerfs moteurs sont paralysés et il y a catalepsie complète; ou la paralysie touche simplement les nerfs moteurs, la sensibilité subsistant, et on a alors un cerveau, où la conscience subsiste, sur un corps qui a toutes les apparences de la mort. C'est ainsi qu'agit la strychnine : elle paralyse les nerfs moteurs seuls jusqu'à provoquer le tétanos, lequel amène la mort par étouffement; au contraire, elle laisse intacts les nerfs sensitifs, donc aussi la conscience. Regazzoni provoque les mêmes effets par l'influence magique de sa volonté. Le moment où se produit cet *isolement* des nerfs est nettement marqué par une certaine commotion particulière qu'éprouve le patient. Sur les phénomènes obtenus par Regazzoni et leur authenticité que peut seul méconnaître quelqu'un auquel manquerait tout sens de la vie organique, je conseille de lire un petit écrit français de L.-A.-V. Dubourg : « Antoine Regazzoni de Bergame à Francfort-sur-Mein. Frankfurt, novembre 1854, 31 pages, in-8. »

Dans le *Journal du Magnétisme* qu'édite Du Potet, n° du 25 août 1856, un rédacteur, Morin, rendant compte d'un mémoire couronné sur la *Catalepsie*, 1856, in-4, écrit : « La plupart des caractères qui distinguent la catalepsie peuvent être obtenus artificiellement et sans danger sur les sujets magnétiques, et c'est même là une des expériences les plus ordinaires des séances magnétiques. » Addition de la 3ᵉ édition.

Auguste K. in Dresden, 1843, où cette somnambule nous dit elle-même. « Je me trouvais dans un état de demi-sommeil; mon frère voulait jouer un morceau de lui bien connu. Je le priai, le morceau ne me plaisant pas, de ne pas le jouer. Il essaya cependant; mais je fis si bien en tendant contre lui toutes les forces de ma volonté, que malgré tous ses efforts il ne put plus se rappeler le morceau. » — Mais la chose est portée au comble quand ce pouvoir immédiat de la volonté va jusqu'à s'exercer sur des corps sans vie. Si incroyable que cela paraisse, nous avons cependant sur ce point deux témoignages qui nous viennent de côtés tout à fait opposés. Dans le livre que nous venons de citer, il est notamment rapporté p. 115 et 116, avec indication des témoins, que cette somnambule, sans faire usage de ses mains, par sa seule volonté, par la seule fixation de son regard sur l'objet, fit mouvoir une fois de 7°, une autre fois de 4°, et cela en répétant l'expérience 4 fois, l'aiguille d'une boussole. — C'est ensuite le *Galignani's Messenger* du 23 octobre 1851, qui nous rapporte, d'après le journal anglais *Brittania*, que la somnambule Prudence Bernard de Paris, en séance publique à Londres, en tournant alternativement la tête à droite et à gauche, forçait l'aiguille d'une boussole à suivre ce mouvement. Dans cette circonstance c'était M. Brewster, le fils du physicien et deux autres messieurs, pris parmi le public, qui formaient le jury (acted as jurors).

Si donc nous voyons la volonté que j'ai montrée être la chose en soi, la seule réalité de l'être, le cœur de la nature, produire par l'individu, dans le magnétisme animal et ailleurs, des choses qu'on ne saurait expliquer par les lois de la liaison causale, c'est-à-dire par les lois ordinaires de la nature; qui même jusqu'à un certain point sont la négation de ces lois; qui nous la montrent exerçant une réelle *actio in distans*; qui donc mettent à jour la réalité d'une domination surnaturelle c'est-à-dire métaphysique sur la nature; — s'il en est ainsi, je ne sais plus quelle autre confirmation par les faits il faudrait exiger de ma doctrine. — Je trouve pourtant qu'un magnétiseur, le comte Szapary, qui ne savait certainement rien de ma philosophie, a été amené, par son expérience, à ajouter comme explication au titre de son livre : « Ein Wort über animalischen Magnetismus, Seelenkorper und Lebenessenz », 1840, les mots suivants bien dignes d'attention : oder physiche Beweise, dasz der animalisch-magnetische Strom das Element, und der *Wille das Princip alles geistigen und Körperlichen Lebens sei* », c'est-à-dire « preuve physique que la *volonté est le principe de toute vie spirituelle et corporelle.* » — Le magnétisme animal se présente donc, d'après cela, comme la *métaphysique pratique*, comme celle que déjà Bacon de Vérulam, dans sa classification des sciences (Instaur. magna, livre III) appelait la magie : c'est-à-dire la métaphysique empirique ou expérimentale. — Dans le magnétisme animal la volonté apparaît comme chose en soi : c'est aussitôt le *principium individuationis* (temps et espace) qui s'évanouit comme appartenant au simple monde des phénomènes ; les séparations qu'il élève entre les individus tombent : entre le magnétiseur et le somnambule plus de séparations résultant des lieux ; communauté complète des pensées et des mouvements de volonté. Par l'état de clairvoyance on se trouve en dehors de ces conditions qui sont du monde des phénomènes, qui résultent du temps et de l'espace et qui s'appellent proximité et éloignement, présent et avenir.

C'est pour cela qu'en dépit des nombreuses raisons et des préjugés opposés, l'opinion s'est répandue peu à peu et est même devenue une certitude, que le magnétisme animal et ses phénomènes sont les mêmes partiellement que l'ancienne magie, cet art occulte et maudit, de la réalité duquel ont été si convaincus non seulement peut être les siècles chrétiens qui l'ont si durement poursuivi, mais à toute époque tous les peuples du monde entier, y compris les peuples sauvages ; et dont l'emploi, dans un âge déjà reculé, est puni de la peine de mort par la loi des 12 tables[1], les Livres de Moïse et même le onzième livre des Lois de Platon. Mais avec quel sérieux on traitait la chose, même à l'époque la plus éclairée de Rome, sous les Antonins, on peut le voir par la belle défense, devant le tribunal, d'Apulée accusé de sorcellerie et courant de ce chef le risque de la vie (oratio de magiâ, p. 104, Bip.). Dans cette défense, on voit qu'il s'efforce uniquement de détourner de lui l'accusation de magie, sans songer un instant à nier la possibilité de la magie; et il entre dans tout plein de détails, comme on a coutume d'en rencontrer dans les procès de sorcellerie du moyen âge. Seul, en Europe, le XVIIIe siècle fait exception en ce

---

1. Pline, hist. nat. L. 30, cap. 3. Addition à la 3e édition.

qui a trait à cette croyance, à la suite de Baltazar Becker, Thomasius et quelques autres, et cela dans la bonne intention de proscrire à tout jamais les cruels procès de sorcellerie en proclamant l'impossibilité de la magie. Cette opinion, favorisée par la philosophie du siècle, prit alors le dessus, mais dans les classes savantes et cultivées seulement. Le peuple n'a jamais cessé de croire à la magie, pas en Angleterre, il est vrai, ce pays dont les classes cultivées au contraire savent joindre à une foi de charbonnier dans les choses de religion, qui les rabaisse, un scepticisme inébranlable quand il s'agit des faits, qui dépassent les lois de l'action et de la réaction des acides et des alcalis, et qui voudraient bien que leur grand compatriote (Shakespeare) n'ait pas dit qu'il y a dans le ciel et sur la terre beaucoup plus de choses que leur philosophie ne se l'imagine. Une branche de l'ancienne magie est restée publiquement d'un usage quotidien parmi le peuple, ce qu'elle a pu faire étant donné son but bienfaisant : je veux parler des cures sympathiques dont on peut difficilement mettre en doute la réalité. Parmi les faits les plus habituels est la cure sympathique de la verrue, dont Bacon de Verulam, si positif et si prudent, nous confirmé déjà la réalité en invoquant sa propre expérience (Silva Silvarum, § 997). Il y a ensuite la guérison par les paroles magiques de l'érésypèle facial, si fréquente qu'il est facile de se rendre compte de la réalité du fait. Souvent encore c'est la fièvre qu'on conjure avec succès[1] ! — Que ce qui agit là, ce ne soit pas proprement les paroles sans signification, qui sont prononcées, et les cérémonies, mais bien, comme dans le magnétisme, la volonté de celui qui fait la cure, je n'ai pas besoin, après ce qui vient d'être dit sur le magnétisme, de m'expliquer autrement. Des exemples de cures sympathiques, ceux qui n'ont encore aucune connaissance du sujet

1. Dans le *Times* du 12 juin 1855, p. 10, on trouve le récit suivant : [Je traduis] : Un charmeur de chevaux. — Se rendant en Angleterre, le vaisseau anglais *Simla* éprouva dans le golfe de Biscaye, un gros temps dont les chevaux souffrirent beaucoup, entre autres un cheval de guerre du général Scarlett, qui n'était plus bon à rien. La précieuse jument était en si mauvais état qu'on se mit en mesure de mettre fin à sa misère d'un coup de pistolet. Un officier russe recommanda alors qu'on envoyât chercher un cosaque également prisonnier, jongleur de profession (*juggler*) et capable par ses charmes et conjurations de guérir la maladie des chevaux. On l'envoya chercher et il dit qu'il pourrait guérir le cheval tout d'abord. On l'observa le plus attentivement possible ; la seule chose qu'on put constater, c'est qu'il sortit sa ceinture, et y fit un nœud trois fois. Cependant la jument en quelques minutes fut sur pieds, commença à manger avec plaisir et rapidement recouvra la santé. — Addition à la 3ᵉ édition.

en trouveront dans l'*Archiv für den Thierischen Magnetismus*, t. V, IIIe fasc., p. 106; t. VIII, fasc. III, p. 145; t. IX, fasc. II, p. 172 et t. IX, fasc. I, p. 128. Il y a encore le livre du Docteur Most, « Uber sympathetische Mittel und Kuren, » 1842, qu'on peut utiliser pour se mettre au courant de la chose[1]. Ces deux faits, le magnétisme animal et les cures sympathiques, établissent donc empiriquement la possibilité d'une action magique, s'opposant à l'action physique ; cette action magique que le XVIIIe siècle avait rejetée si péremptoirement, ne voulant absolument admettre comme possible que l'action physique, réalisée par l'enchaînement des causes et des effets, la seule qu'il conçut.

Une circonstance heureuse, c'est que de nos jours, c'est la science médicale, elle-même, qui a eu l'initiative de cette façon nouvelle d'envisager les choses. C'est une garantie que le pendule de l'opinion n'ira pas trop maintenant en sens contraire et que nous ne serons pas rejetés dans les superstitions des époques grossières. Même, comme nous l'avons dit, ce n'est qu'une partie

---

1. Déjà Pline donne dans le livre XXVIII, chapitres VI à XVII, une multitude de cures sympathiques. — Addition à la 3e édition.

de la magie qui reçoit du magnétisme animal et des cures sympathiques une confirmation qui la sauve : elle embrassait beaucoup plus encore ; une grande partie doit, jusqu'à nouvel ordre, rester sous le coup des condamnations antérieures, ou tout au moins rester frappée de suspicion, tandis qu'une autre, par suite des analogies qu'elle présente avec le magnétisme animal, doit tout au moins être considérée comme possible. Le magnétisme animal et les cures sympathiques ne nous présentent que des effets bienfaisants, ayant pour but la guérison des malades, semblables à ceux que l'histoire de la magie nous montre comme l'œuvre de ces personnages qu'on appelle en Espagne les *Saludadores* (Delrio, *Disquisitiones Magicæ*, livre III. P. 2. 4. s. 7. — et Bodinus, Mag. daemon : III, 2) et qui ont également subi la condamnation de l'Eglise. La magie, au contraire, a été bien plus souvent employée dans des intentions mauvaises. Si l'on en juge par analogie, il est cependant plus que vraisemblable que la force intérieure qui, agissant immédiatement sur un individu étranger, peut exercer sur lui une influence salutaire, pourra tout aussi bien porter le trouble en lui et lui faire du mal. Si donc toute une partie de l'ancienne magie — outre celle qui correspond au magnétisme animal et aux cures sympathiques — se trouve représenter quelque chose de réel, il faut dire que c'est ce qu'on désigne par les termes de *maleficium* et de *fascinatio* et qui a donné lieu au plus grand nombre des procès de sorcellerie. Dans le livre, dont nous avons parlé plus haut, de Most, on trouve quelques faits qu'il faut décidément attribuer au *maleficium* (notamment p. 40, 41, et n°s 89, 91 et 97). Dans l'histoire des maladies de Bende Bensen, parue dans l'*Archiv* de Kieser (du t. IX au t. XII), on trouve également des cas de maladies données, particulièrement sur des chiens, qui en sont morts. Que la *fascinatio* fût déjà connue de Démocrite comme un fait qu'il fallait chercher à expliquer, c'est ce que nous voyons par les *symposiacae quaestiones* de Plutarque; question v. 7. 6. Si on tient ces récits pour vrais, on a alors la clé pour comprendre ce crime de sorcellerie, qu'on n'aurait pas ainsi poursuivi avec cette passion extrême absolument sans raison. S'il faut admettre que, dans la plupart des cas, ces poursuites n'ont eu d'autre fondement que l'erreur et l'abus, nous ne pouvons pourtant pas croire que nos ancêtres ont été aveuglés au point de poursuivre, pendant tant de siècles, avec une cruauté si grande, un crime qu'il aurait été réellement impossible de commettre. C'est en nous plaçant à ce point de vue, que nous pouvons encore comprendre pourquoi jusqu'à aujourd'hui, dans tous les pays, le peuple s'obstine à attribuer certains cas de maladies à un *maleficium*, et ne veut pas en démordre. Mais si nous nous sentons portés par les progrès du temps à ne pas traiter comme chose vaine, comme le faisait le xviiie siècle, une partie de cet art maudit, nous devons nous dire que nulle part, plus qu'ici, la circonspection n'est nécessaire pour pêcher dans cette mer de mensonges, de tromperies, d'absurdités que sont les écrits d'Agrippa von Nettesheim, de Wierus, de Bodin, de Delrio, de Bindsfeldt et autres, quelques rares vérités. Le mensonge et la tromperie, partout fréquents dans le monde, n'ont nulle part si beau jeu que là où, de l'aveu de tous, il y a infraction aux lois de la nature ou même absence de toute loi. On le voit, sur la base fragile du peu de vrai qu'il peut y avoir eu dans la magie, c'est un amas, haut comme le ciel, de légendes les plus extravagantes, de sornettes les plus grossières, qui s'est édifié et qui a eu pour conséquences, pendant des siècles, les cruautés les plus sanglantes. Quand on réfléchit à cela, le sentiment qui vient à l'esprit, c'est celui de la capacité de l'intelligence humaine à admettre toutes sortes d'absurdités incroyables et sans fond, et de la tendance naturelle du cœur humain à mettre le sceau à ces extravagances par des cruautés.

Ce qui a modifié aujourd'hui, en Allemagne, le sentiment des classes cultivées sur la magie, ce n'est cependant pas tout à fait uniquement le magnétisme animal. Ce changement était préparé tout à fait au fond par la transformation opérée par Kant dans la philosophie, transformation qui, sur ce point comme sur les autres, établit une différence fondamentale entre la culture allemande et celle des autres Etats européens. — Pour se moquer d'avance de toute sympathie occulte ou de toute action magique, il faut trouver que le monde se comprend bien, se comprend très bien. Mais cela n'est possible que si on jette sur le monde ce coup d'œil tout à fait superficiel qui ne laisse pas pressentir que nous sommes plongés dans une mer d'énigmes et de choses incompréhensibles et qu'au fond nous ne connaissons et ne comprenons directement ni les choses ni nous-mêmes. C'est justement la façon de sentir, opposée à celle-ci, qui fait que presque tous les grands hommes, peu importe l'époque et le pays, ont montré une certaine dose de superstition. Si le mode de connaissance qui nous est naturel, était tel que nous fussions capables de percevoir immédiatement les choses en soi, conséquemment les rapports et les relations absolument vraies des choses, nous serions alors absolument autorisés à rejeter *a priori* et conséquemment d'une manière absolue, tout pressentiment de l'avenir, tout fait relatif à l'apparition d'absents ou de mourants, ou même d'individus morts. Mais si, comme le veut Kant, ce que nous connaissons ce sont de simples apparences, dont les formes et les lois ne s'étendent pas aux choses en soi, il est alors manifestement téméraire de rejeter ainsi ces faits; puisque, pour cela, on ne s'appuie que sur des lois dont l'*apriorité* ne dépasse pas le monde des phénomènes et n'a absolument rien de commun avec les choses en soi, parmi lesquelles il faut compter notre propre moi intérieur. Justement ces choses en soi peuvent avoir avec nous des rapports dont pourraient procéder les faits en question, faits pour lesquels la décision *a posteriori* est seule recevable et qu'on ne saurait préjuger d'avance. Que des Anglais et des Français persistent obstinément à rejeter *a priori* de tels faits, la cause en est au fond qu'ils en restent essentiellement à la philosophie de Locke, d'après laquelle, abstraction faite de la sensation, ce sont les choses en soi qui nous sont connues. Les lois du monde matériel sont tenues pour des lois absolues alors, et rien d'autre que l'*influxus physicus* n'est admis. Ils croient donc à une physique, pas à une métaphysique et ils décrètent en conséquence qu'il n'existe rien d'autre que ce qu'ils appellent la *Magie naturelle :* une expression qui renferme la même *contradictio in adjecto* que l'expression « Physique surnaturelle » et qui cependant est employée sérieusement un nombre incalculable de fois; tandis qu'au contraire cette dernière de « Physique surnaturelle » n'a été employée qu'une seule fois par manière de plaisanterie par Lichtenberg. Le peuple au contraire, avec sa crédulité innée pour toutes les influences surnaturelles en général, exprime à sa façon moins intellectuelle que sentimentale la conviction que ce que nous percevons et embrassons, ce sont de simples phénomènes, nullement des choses en soi. Que cela ne soit pas trop dire, nous pouvons le prouver par un passage de Kant que nous empruntons à son livre *Grundlegung zur Metaphysik der Sitten*. « C'est une remarque, qui ne veut pas une bien grande subtilité de pensée, et dont on peut admettre qu'elle est à la portée de l'intelligence la plus commune procédant, il est vrai, à sa façon par cette obscure distinction de notre capacité de juger (Urtheilskraft) que l'intelligence appelle sentiment; c'est une remarque, dis-je, qui ne veut pas une grande subtilité de pensée, que toutes les représentations qui nous viennent indépendamment de notre volonté (comme les représentations des sens) ne nous donnent à connaître les objets que comme ils nous affectent — ce qu'ils sont en eux-mêmes nous restant parfaitement inconnu; que donc, en ce qui touche cette sorte de représentations, nous ne pouvons, même en prêtant l'attention la plus grande et en réalisant ce degré de clarté qu'il dépend toujours de notre raison d'atteindre, nous ne pouvons arriver qu'à la connaissance des *phénomènes*, jamais de la *chose en soi*. Dès qu'on a compris cela, on est forcément obligé d'admettre et de placer derrière les phénomènes quelque chose d'autre que le phénomène, différent de lui, à savoir la *chose en soi* » (3ᵉ édit., p. 105).

Quand on lit, sous le titre de *Disputatio de quaestione quæ fuerit artium magicarum origo*, M. rb. 1787, l'histoire de la magie de Tiedemann, un écrit couronné par la société de Göttingue, on s'étonne de l'obstination, qu'en dépit de tant d'échecs, l'humanité a mise, en tous temps et en tous lieux, à poursuivre l'idée de la magie ; et on conclura de là que cette idée doit avoir un fondement profond dans la nature de l'homme tout au moins, sinon dans la nature des choses, et que ce ne peut être nullement une lubie en l'air de son imagination. Quoique la définition de la magie se présente, chez les différents écrivains, tout à fait diverse, on ne saurait méconnaître partout une même pensée fondamentale. A toutes les époques et dans tous les lieux on a nourri la croyance qu'en dehors de la manière normale dont les changements se produisent dans le monde par le moyen des relations causales des corps entre eux, il doit y en avoir une autre tout à fait différente, ne reposant nullement sur ces relations causales. Les moyens employés dans cette dernière paraissaient donc manifestement absurdes, envisagés du point de vue qui caractérise le premier mode d'action; puisque la disproportion existante des causes en jeu aux buts poursuivis sautait d'abord aux yeux, et que toute relation causale entre les unes et les autres était impossible. Il fallait supposer seulement qu'outre la liaison extérieure établissant un *nexus physicus* entre les phénomènes de ce monde, il pût y en avoir une autre ayant son principe dans l'être en soi de toutes choses : une liaison, pour ainsi dire, souterraine, par laquelle un *nexus metaphysicus* fût établi d'un point à l'autre, une action immédiate pût se produire. Il fallait supposer ensuite et admettre qu'on pût agir sur les choses par le dedans, au lieu comme d'habitude, d'agir par le dehors ; il fallait admettre que le phénomène pût agir sur le phénomène par le moyen de la *chose en soi*, qui est dans tous les phénomènes une seule et même chose. Il fallait encore admettre que, de même que, dans le domaine de la causalité, nous agissons comme *natura naturata*, nous sommes tout aussi capables d'agir comme *natura naturans* et que le microcosme peut être, pour un moment pour nous, comme un véritable macrocosme. Il faudrait admettre que le mur de séparation, qui constitue le principe d'individuation et d'isolement, quelque réel qu'il soit, pourrait cependant permettre à l'occasion une communication entre les êtres comme derrière les coulisses ou sous la table à titre de jeu secret. Il faudrait admettre enfin que, comme dans la clairvoyance somnambulique il se produit une véritable suspension de l'activité individuelle isolée de la *connaissance*, on a ici la suspension de l'activité individuelle isolée de la *volonté*.

Une telle idée ne saurait avoir une origine empirique. Elle ne saurait non plus trouver sa confirmation dans l'expérience qui aurait su, s'il en était ainsi, la maintenir en tous temps, dans tous les pays. L'expérience, dans la plupart des cas, devrait lui être opposée. Je suis par suite d'avis que l'origine de cette pensée, si générale dans l'humanité, indéracinable en dépit de tant d'expériences opposées et du sens commun, doit être cherchée dans le sentiment intérieur de la toute-puissance de la volonté en elle-même, cette volonté qui fait l'essence intime de l'homme et de toute la nature, et dans la supposition qui s'y rattache qu'il se pourrait bien que cette toute-puissance fût mise en jeu de quelque manière par l'individu lui-même. On n'était pas capable de rechercher et de bien voir en particulier ce qui pouvait revenir à cette volonté considérée comme chose en soi, et ce qui pouvait lui revenir comme phénomènes particuliers ; mais on admettait, sans s'inquiéter autrement, que cette volonté peut, dans certaines circonstances, renverser les limites résultant pour elle du principe d'individuation. Et ce sentiment luttait obstinément contre la constatation imposée par l'expérience que « le Dieu qui habite en mon sein peut me troubler profondément au dedans de moi, lui qui domine du haut de son trône toutes les forces de mon être, mais qu'il ne peut rien remuer au dehors. »

> Der Gott, der mir in Busen wohnt,
> Kann tief mein Innerstes erregen,
> Der über allen meinen Kräften thront,
> Er Kann nach Auszen nichts bewegen.

Nous trouvons, comme nous venons de l'exposer, que toujours, quand il s'est agi de pratiquer la magie, le moyen physique employé n'a été pris que comme le véhicule d'un moyen métaphysique ; puisque, du reste, il pouvait manifestement n'avoir aucun rapport avec le but poursuivi : tels, par exemple, les mots étrangers, les actes symboliques, les figures dessinées, les images de cire, etc. Et, conformément à cette façon primitive de sentir, nous voyons que ce que le véhicule porte avec lui, c'est toujours finalement un acte de la volonté, qu'on lui attache. L'occasion naturelle de tout cela, c'était le sentiment qu'en ce qui concerne les mouvements propres du corps on avait à tout instant conscience d'une action de la volonté tout à fait inexplicable, donc manifestement métaphysique. Pourquoi, se disait-on, cette action ne pourrait-elle pas s'étendre aussi sur d'autres corps? Trouver le moyen de faire cesser cet isolement de la volonté, qui existe pour tout individu, agrandir cette sphère d'action immédiate de la volonté, de manière à la faire dépasser le corps propre de l'individu voulant, voilà la tâche de la magie.

Il s'en faut cependant beaucoup que cette pensée fondamentale, dont paraît être née proprement la magie, ait été aussitôt clairement connue, qu'on en ait reconnu le caractère abstrait, *in abstracto*, et que la magie ait ainsi pris pleine connaissance d'elle-même. Ce n'est, dans les siècles passés, que chez quelques penseurs et savants que nous trouvons, comme je le montrerai bientôt par des citations, nettement exprimée la pensée que c'est dans la *Volonté* même que gît le pouvoir magique, et que les signes et les actes extraordinaires, tout comme les mots sans signification qui les accompagnent, qui tous sont censés les moyens par lesquels on conjure les démons et on leur commande, ne sont que le véhicule de la volonté, le moyen de la fixer : véhicule et moyen par lesquels l'acte de volonté qui doit agir magiquement cesse d'être un simple désir pour devenir un acte, revêt un *corpus* (comme dit Paracelse) ; par lesquels la volonté individuelle, jusqu'à un certain point, déclare expressément vouloir agir comme volonté générale, comme volonté en soi. Dans tout acte magique, cure sympathique ou tout autre chose de même nature, l'acte extérieur (le moyen sacramentel) est en effet, justement, ce qu'est la *passe* dans le magnétisme, donc en réalité non pas l'essentiel, mais le véhicule, *ce par quoi* la volonté, qui seule est l'agent proprement dit, se trouve, dans le monde des corps, dirigée et fixée et arrive à se faire sa place dans la Réalité ; — et c'est ce qui fait qu'il est, dans la règle, indispensable. Pour les autres écrivains de ce temps le but de la magie, — et ils ne s'écartent pas en cela de la pensée qui lui sert de fondement — le but de la magie, c'est simplement d'exercer à volonté une domination absolue sur la nature. Mais quant à la pensée, que cette domination peut être immédiate, ils ne purent

2.

pas s'y élever; ils se la figurèrent comme ne pouvant exclusivement être qu'une domination *médiate*. Partout, en effet, les religions des différents peuples avaient mis la nature sous la domination des dieux et des démons. Diriger ces derniers à sa volonté, les mettre à son service, les contraindre à lui obéir, tel était le but des efforts du magicien; et c'était aux démons qu'il attribuait les succès qu'il pouvait obtenir parfois; exactement comme Mesmer, en commençant, attribuait les succès de ses magnétisations à la baguette magnétique qu'il tenait dans les mains, au lieu de l'attribuer à sa volonté, qui était le véritable agent. C'est ainsi que tous les peuples polythéistes prenaient la chose et que comprennent la magie Plotin[1] et Jamblique pour lesquels la magie est *Théurgie,* pour employer une expression dont Porphyre a usé le premier. A cette explication était favorable le polythéisme, cette aristocratie divine, qui partage la domination sur les diverses forces de la nature entre autant de dieux et de démons, qui, pour la plupart, ne sont que des forces de la nature personnifiées et dont le magicien sait

[1]. Chez Plotin se fait jour ici et là une vue plus juste de la chose : par exemple, Enn. II, livre III, c. 7. — Enn. IV, livre III, c. 12, et livre IV, et 40, 43, et livre IX, c. 3.

se concilier les bonnes grâces, les bonnes grâces tantôt de celui-ci, tantôt de celui-là, ou qu'il sait faire servir à ses volontés. Ce n'est que dans la monarchie divine, où toute la nature obéit à un seul, qu'il eût été téméraire de penser pouvoir conclure avec le souverain maître un pacte privé ou de prétendre exercer sur lui une domination. Là, donc, où dominaient le Judaïsme, le Christianisme ou l'Islam, la toute-puissance du Dieu unique s'opposait à cette explication, le magicien ne pouvant guère se risquer avec ce dieu tout-puissant. Il ne lui restait plus alors que d'avoir recours au diable ; avec lequel alors, en qualité de prince des rebelles, de descendant immédiat d'Ahriman, auquel est resté toujours quelque pouvoir sur la nature, il conclut alliance pour s'assurer son aide : c'est la « Magie noire. » La « Magie blanche », son contraire, était caractérisée par ce fait que le sorcier ne faisait pas un pacte d'amitié avec le diable ; c'était la permission ou la collaboration du Dieu unique lui-même qu'il sollicitait par l'intermédiaire des anges. Ou plus souvent encore, par l'emploi des noms et qualifications rares, hébraïques de Dieu[1], comme celle d'A-

---

1. Delrio, disquis. mag. livre II, q. 2. — Agrippa a Nettesheym, de vanitate scient, c. 45.

donaï, etc., il évoquait le diable et le contraignait à lui obéir, sans lui promettre lui-même en retour quoi que ce soit, ce qu'on appelait : contraindre l'enfer. — Mais tout cela, simples explications et voiles sous lesquels se dérobe la chose, était tellement pris pour la chose elle même, pour sa réalité objective que tous les écrivains, qui ont connaissance de la magie non par la pratique même, mais de seconde main, — comme Bodin, Delrio, Bindsfeldt, etc., — tous ceux-là estiment qu'elle consiste essentiellement à agir, non par les forces de la nature ni par la voie naturelle, mais avec l'aide du diable! Telle était et restait partout l'opinion générale dominante, modifiée selon les lieux et les religions du pays; et cette opinion servait de base aux lois contre la sorcellerie, aux procès de sorcellerie. C'était d'ordinaire également contre elle qu'étaient dirigées les objections faites contre l'idée de la possibilité de la magie. Cette conception et cette explication *objective* de la chose devait nécessairement se produire déjà pour la raison seule du réalisme décidé qui, au moyen âge, comme dans l'antiquité, dominait en Europe et fut pour la première fois ébranlé par Descartes. Jusqu'alors l'homme n'avait pas encore appris à diriger sa spéculation sur les profondeurs mystérieuses de son propre être intérieur ; c'était en dehors de lui qu'il cherchait. Et faire de la volonté qu'il trouvait en lui la maîtresse de la nature était une pensée si audacieuse qu'on reculait effrayé devant. Du reste, les démons et les dieux de toute sorte sont toujours des hypostases par lesquelles les croyants de toute couleur et de toute secte s'expliquent à eux-mêmes le *métaphysique*, ce qui se cache derrière la nature, ce qui lui confère l'existence et la lui maintient et qui, par suite, la domine. Quand donc on dit que la magie agit par le moyen des démons, le sens profond de cette pensée c'est toujours qu'elle est un mode d'action qui se produit non par la voie physique, mais par la voie métaphysique, un mode d'action non pas naturel, mais surnaturel. Si maintenant dans les quelques faits certains qui parlent pour la réalité de la magie : magnétisme animal, cures sympathiques, nous ne reconnaissons rien d'autre que l'action immédiate de la volonté, — manifestant ici sa force en dehors de l'individu voulant, comme ailleurs seulement au dedans de ce même individu ; si nous voyons, d'autre part, comme je le montrerai bientôt et comme je le prouverai par des citations décisives qui n'ont rien d'équivoque, que les anciens les plus profondément versés dans la magie attribuent tous ses effets uniquement à la volonté du magicien ; — c'est là, pour ma doctrine, une preuve empirique très forte que, d'une manière générale, le *métaphysique*, ce qui seul existe en dehors de la représentation, la chose en soi qui remplit le monde, n'est rien autre que la *Volonté* que nous connaissons en nous.

Peu importe que les magiciens se soient représenté cette domination immédiate, que la volonté peut exercer parfois sur la nature, comme une domination simplement *médiate*, se réalisant à l'aide des démons. Cela ne saurait en rien lui enlever de son efficacité, quand et où il y a lieu, pour elle, de se manifester. Parce qu'en effet, dans les choses de cette sorte, c'est la volonté en soi, la volonté sous sa forme originaire, la volonté, par suite séparée de la représentation, qui agit ; les fausses conceptions de l'intelligence ne sauraient en rien compromettre son action. La théorie et la pratique sont tout à fait séparées ; la fausseté de l'une ne gêne en rien l'autre ; et la rectitude de la théorie ne rend pas apte à la pratique. Mesmer, au commencement, attribuait les effets produits par lui aux baguettes magnétiques qu'il avait en mains ; il expliquait les merveilles du magnétisme animal d'un point de vue matérialiste par un fluide subtil, pénétrant tout, et il n'en agissait pas moins d'une manière étonnante. J'ai connu un grand propriétaire dont les paysans de tout temps étaient habitués à faire soigner et guérir leurs attaques de fièvre par leur maître, grâce à quelques formules conjuratoires prononcées par lui. Bien que le propriétaire actuel soit convaincu de l'impossibilité d'une telle action, il fait cependant encore, par bonté d'âme et pour obéir à l'usage, ce que lui demandent ses paysans, et souvent avec succès : un succès qu'il attribue à la confiance des paysans, sans considérer que cette même confiance des malades devrait alors assurer le succès du traitement dans beaucoup de cas où le succès ne répond pas à leur attente.

La théurgie et la démonomagie ne sont donc, dans la mesure où nous venons de le dire, qu'une simple explication et une sorte d'enveloppement de la chose, auxquels la plupart sont restés. Il ne manque pourtant pas de gens dont le regard plus aigu a su reconnaître que ce qui agissait, toutes les fois qu'il était question d'influences magiques, ce n'était rien d'autre que la *volonté*. Mais ces penseurs profonds, il ne faut pas les chercher parmi ceux qui sont venus à s'occuper de la magie en étrangers ou même en ennemis ; or c'est à ces derniers qu'on doit la plupart des livres sur la magie : ce sont des gens qui ne connaissent la magie que par les salles d'audience et par ouï-dire ; ils n'en décrivent par suite que le côté extérieur ; ou même ils en taisent prudemment les procédés propres, si d'aventure ils sont arrivés à les connaître par certains aveux, de peur de contribuer à répandre le crime irrémissible de sorcellerie. Parmi eux figurent Bodin, Delrio, Bindsfeldt et d'autres. C'est au contraire aux philosophes et aux savants de ces temps de superstition qu'il nous faut demander des conclusions sur la nature propre de la magie. Mais ce qui ressort de plus clair de leurs déclarations, c'est que dans la magie, tout comme dans le magnétisme animal, ce qui agit proprement ce n'est pas autre chose que la volonté. Pour l'établir, je demande à faire quelques citations. Déjà Roger Bacon au xiiie siècle, dit : « ... Quod si ulterius aliqua anima maligna cogitat fortiter de infectione alterius, atque ardenter desideret et certitudinaliter intendat, atque vehementer consideret se posse nocere, non est dubium quin natura obediet cogitationibus animæ » (S. Rogeri Bacon Opus Majus, Londini, 1733, p. 252) : « Que si de plus quelqu'un qui a l'âme mauvaise songe fortement à nuire à autrui, le désire avec violence, en ait l'intention certaine, et croit fermement pouvoir lui nuire, il n'est pas douteux que la nature n'obéisse aux pensées de son âme. » — Mais c'est surtout Théophraste Paracelse qui, plus que tout autre, nous renseigne sur la nature propre de la magie et ne craint pas de nous en décrire exactement les procédés (v. l'édition *de Strasbourg* de ses *Œuvres*, 2 vol. in. fol., 1603) : t. I, p. 91, 353 et suiv. et 789. — T. II, p. 362, 496. — Il nous dit t. I, p. 19 : « Des effigies de cire notez ceci : j'en veux à quelqu'un; ma haine, pour se manifester, a besoin d'un *medium*, d'un *corpus*. Il est possible que mon esprit, sans l'aide de mon corps et de mon épée, perce cet autre ou le blesse par mon *désir passionné*. Il est possible aussi que par ma *volonté* je transporte l'esprit de mon ennemi dans l'effigie et qu'alors je l'envoûte, je le paralyse, à ma volonté. — Vous devez savoir que l'action de la volonté est un grand point dans la médecine. Quand quelqu'un ne veut pas de bien à un autre, qu'il le haït, — il se peut qu'il arrive à ce dernier le mal que le premier lui souhaite. La malédiction c'est l'esprit lâché. Il est donc possible, dans les maladies, que l'effigie du malade ait été ensorcelée, etc. — Toutes ces choses sont également possibles, en ce qui concerne le bétail ; et cela bien plus facilement, parce que l'esprit de l'homme se défend mieux que l'esprit d'une bête. » — P. 375. « Il suit de là qu'un individu ensorcelle un autre en effigie non pas grâce à tels ou tels caractères, ou autres choses de cette sorte, comme de la cire vierge ; mais l'imagination surmonte sa propre constellation de manière à devenir un moyen de réaliser la volonté de son ciel c'est-à-dire de son homme ».

Page 334. « Tout ce que l'homme imagine vient du cœur : le cœur est le soleil du petit microscome qu'il est. Et tout ce que l'homme imagine et qui vient du petit soleil du microscome va se perdre dans le soleil du grand monde, dans le cœur du macrocosme. Ainsi l'imagination du microcosme est une semence qui est matérialisée, etc.... »

Page 364. « Vous savez assez ce que fait une imagination puissante qui est le commencement de toutes les œuvres magiques. »

Page 789. « Penser une chose c'est porter

son attention sur un but. Et je n'ai pas besoin alors d'employer mes mains pour tourner mes regards sur ce point ; mon imagination suffit à les tourner là où je désire. Il en est de même de l'action de marcher ; je veux une chose ; je me la propose ; et mon corps se meut aussitôt ; et plus je désire fermement, plus les mouvements sont rapides. C'est donc mon imagination seule qui me meut, qui est le principe du mouvement. »

Page 837. « L'imagination d'autrui dont les ressources sont dirigées contre moi peut donc être assez forte pour que je puisse succomber à ses atteintes. »

Tome II, page 274. « L'imagination procède du plaisir et de la convoitise : le plaisir engendre l'envie, la haine : ces derniers font-ils défaut, tu te complais à cela. Et si tu éprouves du plaisir, alors entre en jeu ton imagination. Le plaisir sera alors forcément aussi prompt, aussi passionné, aussi vif que celui d'une femme enceinte, etc. — Une malédiction quelconque est ordinairement réalisée : pourquoi ? elle sort du cœur ; et dans ce fait qu'elle vient du cœur gît le secret de sa croissance future. La malédiction du père et de la mère va aussi du cœur. La malédiction des pauvres gens est aussi imagination. La malédiction des prisonniers qui est aussi pure imagination part aussi du cœur. — Egalement donc si quelqu'un veut poignarder autrui par l'imagination, ou le paralyser, etc., il lui faut commencer par attirer en soi la chose, l'instrument, pour pouvoir l'imprimer ensuite dans l'individu par la pensée — comme on ferait avec les mains. Les femmes dépassent les hommes en force d'imagination, aussi sont-elles plus excessives dans leur vengeance. »

Page 298. « La magie est une grande sagesse cachée; la raison une grande folie publique.... Aucune cuirasse ne protège contre le sorcier; car c'est l'homme intérieur qu'il blesse, l'esprit de la vie. Quelques sorciers font une effigie représentant l'homme qu'ils haïssent et lui plantent un clou dans la sole du pied : l'homme se trouve invisiblement atteint et paralysé, jusqu'à l'enlèvement du clou. »

Page 307. « Il nous faut savoir ceci : c'est seulement par la foi et notre force d'imagination que nous pouvons porter dans une image l'esprit d'un autre homme. On n'a pas besoin de conjuration; les cérémonies, les cercles magiques, les parfums, les signes caballistiques, etc., ne sont que singeries pour donner le change. — Des *Homunculi*, des statuettes sont faites... — dans lesquelles se trouvent transportées toutes les manifestations de vie, toutes les forces et la volonté de l'homme. — C'est une grande chose que l'esprit de l'homme, une chose telle que personne ne saurait l'exprimer : comme Dieu lui même est éternel et impérissable ; ainsi en est-il de l'esprit de l'homme. Si nous, hommes, nous connaissions bien notre esprit, rien ne nous serait impossible sur la terre.... L'imagination parfaite, celle qui vient des astres — surgit dans notre cœur. »

Page 513. « Il faut, pour confirmer l'imagination et la parfaire croire fermement à la réalité des choses : car le moindre doute détruit aussitôt son œuvre. La foi doit confirmer l'imagination, puisque la foi endigue la volonté. Mais parce que l'homme ne peut jamais imaginer d'une façon parfaite, ou croire parfaitement, — il s'ensuit que les arts humains doivent toujours être réputés incertains dans leurs résultats, quelque certains et parfaits qu'ils puissent être. » Un passage de Campanella, dans son livre « *de sensu rerum et magia* » peut servir à expliquer cette dernière proposition : Efficiunt alii ne homo possit futuere, si tantum credat : non enim potest facere quod non credit posse facere (Livre IV, c. 18).

Agrippa von Nettesheim, *de occulta philosophia*, livre I, c., 66, s'exprime dans le même sens. Je commence par donner une traduction du passage, je donnerai le texte ensuite : « L'esprit d'autrui ne peut pas moins sur notre corps que son propre corps »; et page 67 : « Tout ce qu'une haine violente peut inspirer à quelqu'un a la force de nuire, d'exercer un effet destructeur; et de même pour toutes les choses que l'âme poursuit d'un désir violent. Tout ce qu'elle fait et dit alors : caractères gravés, figures, paroles, gestes et choses semblables, tout cela n'est que pour aider la passion de l'âme et acquiert alors des vertus singulières tant du fait de l'âme s'efforçant au moment où la passion la saisit le plus, que du fait de l'*influx* céleste qui porte alors l'âme dans cette direction. » — C. 68. « Il y a alors dans l'esprit de l'homme une certaine capacité de changer les choses et les hommes, de les attacher à ce qu'il désire : tous lui obéissent quand il est emporté par l'excès de quelque grande passion ou de quelque grande vertu, et il se montre alors supérieur à ceux qu'il contraint à faire ses vo-

lontés. Le principe de ce pouvoir de contraindre les autres c'est la passion de l'âme elle-même, la passion violente et sans frein. »
Voici le texte : « Non minus subjicitur corpus alieno animo quam alieno corpori » et c. 67 : Quidquid dictat animus fortissime odientis habet efficaciam nocendi et destruendi; similiter in ceteris quæ affectat animus fortissimo desiderio. Omnia enim quæ tunc agit et dictat ex characteribus, figuris, verbis, gestibus et ejusmodi, omnia sunt adjuvantia appetitum animæ et acquirunt mirabiles quasdam virtutes, tum ab anima laborantis in illà horà, quando ipsam appetitus ejusmodi maximè invadit, tum ab influxu cælesti animum tunc taliter movente. » — C. 68 « Inest hominum animis virtus quædam immutandi et ligandi res et homines ad id quod desiderat, et ommes res obediunt illi, quando fertur in magnum excessum alicujus passionis, vel virtutis, in tantum ut superet eos quos ligat. Radix ejusmodi ligationis ipsa est affectio animæ vehemens et exterminata. »

J. Cæs. Vannini dit de même, *de admirabilibus naturæ arcanis*, livre IV, dialogue 5, p. 434 « qu'une imagination véhémente à laquelle l'esprit et le sang obéissent peut faire d'une chose simplement conçue par l'esprit une réalité, et cela non seulement en dedans de nous, mais au dehors » : Vehementem imaginationem cui spiritus et sanguis obediunt, rem mente conceptam realiter efficere, non solum intra, sed et extra[1].

[1]. *Ibid.*, 440, on ajoute cette parole d'Avicenne : « Il suffit que quelqu'un le veuille fortement, pour que le chameau tombe » : « ad validam alicujus imaginationem cadit camelus. »
— *Ibid.*, p. 478. Vannini parle des aiguillettes qu'on noue, « ne quis cum muliere coeat » et il dit : en Allemagne, je me suis entretenu plusieurs fois avec de ces gens qu'on nomme vulgairement des *nécromanciens* qui m'ont avoué ingénuement qu'ils croient assez que ce qu'on raconte ordinairement des démons ce sont de pures fables, et que cependant ils obtiennent eux-mêmes des résultats, soit en agissant sur l'imagination par la vertu de certaines herbes, soit par la seule force naturelle de l'imagination et de la foi très grande qu'ils savent susciter par leurs incantations prétendues et ridicules dans l'âme de femmes ignorantes, auxquelles ils persuadent qu'à la condition de réciter très dévotement quelques petites prières, le charme opérera aussitôt. Toutes crédules, et du fond de l'âme, elles répètent alors ces incantations et il arrive ainsi qu'elles fascinent effectivement les gens du voisinage, non qu'il faille attribuer cela à la vertu des mots dits, ou des caractères tracés mais aux esprits (esprits vitaux et animaux) qu'elles émettent dans le but de réaliser le charme. Il arrive par là que les *Nécromanciens* eux-mêmes, quand il s'agit d'eux-mêmes, ou même d'autrui, et qu'ils sont à opérer seuls, n'accomplissent parfois rien de remarquable : « Ils manquent, en effet, de la foi, l'agent qui fait tout : » — aliquid tamen ipsos operari, vel vi herbarum commovendo phantasiam, vel vi imaginationis et fidei vehementissimæ, quam ipsorum nugacissimis

On trouve encore, parmi ceux qui ont parlé de la magie, *Joh. Bapt. van Helmont* qui s'est donné beaucoup de peine pour réduire le plus possible le rôle du diable dans la magie, au profit de la volonté. Du grand recueil de ses œuvres, *Ortus medicinæ*, j'extrais quelques passages en les rapportant chacun à l'écrit particulier où ils se rencontrent.

Recepta injuria, § 12. Lorsque l'ennemi de la nature (le diable) ne peut pas par lui-même venir à bout de ses fins, il suscite dans l'âme de la sorcière l'idée d'un violent désir, d'une forte haine, de manière, en recourant à ces moyens spirituels et libres, à transporter en elle son propre vouloir, ce vouloir par lequel il prétend nuire[1]. Dans ce but,

confictis excantationibus adhibent ignaræ mulieres, quibus persuadent, recitatis magnâ cum devotione aliquibus preculis, statim effici fascinum, quare credulæ ex intimo cordis effundunt excantationes, atque ita, non vi verborum, neque caracterum, ut ipsæ existimant, sed spiritibus (sc. vitalibus et animalibus) fascini inferendi percupidis exsufflatis proximos effascinant. Hinc fit ut ipsi Necromantici, in causa propria, vel aliena, si soli sint operarii, nihil unquam mirabile præstiterint : carent enim fide quæ cuncta operatur. — Addition à la ° édition.

1. « Der Teufel hat sie's Zwar gelehrt; Allein der Teufel Kann's nicht machen. » Faust, v. 121.
Le diable l'a instruite sur ce point; mais le diable ne peut pas faire lui-même. — Addition à la 3° édition.

c'est surtout aussi les exécrations, qu'en faisant naître l'idée du désir et de la terreur, il suggère à ses truies les plus odieuses. — § 13. Ce désir, en effet, qui est une passion du sujet imaginant, crée en même temps l'idée et non pas une idée vaine, mais une idée-force, une idée qui réalise l'incantation. — § 19. J'ai déjà démontré que la force du charme dépend surtout de l'idée telle qu'elle existe naturellement chez la sorcière.

De injectis materialibus, § 15. L'ordre de la nature veut que l'idée que la sorcière conçoit dans son imagination soit libre, naturelle, et puisse nuire.... C'est la force de la nature que les sorcières mettent en jeu pour agir.... L'homme, en effet, dégage un autre fluide qui émane de lui, propre à exécuter, à commander, à ensorceler l'homme. Ce fluide, ce moyen d'agir, est l'idée, le violent désir. Et, en effet, il est inséparable du désir de se porter vers son objet.

De sympatheticis mediis, § 2. Les idées de désir, en effet, par le moyen des influences célestes, sont jetées sur leur propre objet, quelque éloigné qu'il soit, conduites en cela par le désir lui-même sachant bien trouver l'objet qui lui convient.

De magnetica vulnerum curatione, § 76. Il

y a donc dans le sang un certain pouvoir *extatique* capable, quand il lui arrive d'être mis en jeu par un désir ardent, d'être porté par le fluide (spiritu) de l'homme extérieur sur quelque objet absent. Mais ce pouvoir, dans l'homme extérieur, est à l'état latent, comme en puissance; il ne passe à l'acte que sous le coup d'une excitation étrangère, quand l'imagination, par exemple, est enflammée par un désir ardent ou de tout autre manière semblable. — § 98. L'âme, disons l'esprit, ne pourrait nullement mouvoir et exciter l'esprit vital (qui est un esprit corporel), bien moins encore la chair et les os, si une certaine force naturelle, magique cependant et d'ordre spirituel, ne se communiquait de l'âme à l'esprit et au corps. De quelle manière en effet, l'esprit, l'esprit qui est corps, obéirait-il à l'ordre de l'âme, si cet ordre ne devait pas mouvoir l'esprit et ensuite le corps? Mais à l'idée de cette force motrice magique tu objecteras aussitôt qu'elle est cantonnée dans son domaine naturel délimité, dans son domaine propre; et c'est pourquoi nous avons beau la qualifier de sorcière, il n'y aura qu'un détournement de nom et un abus, si, en réalité et faussement magique, elle n'a pas son principe dans l'âme; puisqu'elle ne peut rien mouvoir en dehors de son corps, rien changer ou déplacer que son corps. Je réponds qu'une force naturelle par laquelle l'âme peut agir au dehors, en vertu de sa ressemblance avec Dieu, une force magique elle aussi, existe déjà obscurément dans l'homme comme à l'état de sommeil (depuis le moment de la prévarication) et ayant besoin d'excitation étrangère. Cette force, du reste, serait en nous tous les jours comme dans un certain état de somnolence et d'ivresse, suffisante cependant pour l'accomplissement de ses devoirs envers le corps auquel elle est liée : la science et la puissance magiques sont donc là sommeillantes dans l'homme et n'entrent en action qu'à sa volonté. — § 102. C'est donc cette puissance magique, du reste sommeillante dans l'homme et empêchée par la science de l'homme extérieur[1], que Satan suscite dans ses serviteurs ; c'est cette force qui est à ces derniers à la manière d'une épée placée dans la main de qui sait s'en servir, dans la main de la sorcière. Satan, pour les homicides, n'a pas besoin d'autre chose que d'exciter en l'homme cette puissance sommeillante dont nous venons de parler. —

1. Satan itaque vim magicam hanc excitat (secus dormientem et *scientiâ exterioris hominis impeditam*.

§ 106. La sorcière tue le cheval dans l'étable lointaine : une certaine force naturelle se dégage de son esprit, non de Satan, qui va opprimer l'esprit vital du cheval et qui l'étouffe. — § 139. Ce que j'appelle les esprits du magnétisme ce ne sont pas des esprits qui viendraient du ciel; encore moins est-il question des esprits infernaux; ce sont ceux qui ont leur principe dans l'homme lui-même, comme le feu sort de la pierre. De la volonté de l'homme se dégage, en effet, un petit peu d'esprit vital, qui se complétant, pour ainsi dire, par une forme déterminée, devient un être idéal. Et, dès lors, cet esprit vital se trouve, par sa nature, quelque chose d'intermédiaire entre les êtres corporels et les êtres incorporels. Et il va alors où le dirige la volonté : cet être idéal n'est donc soumis à aucune des lois qui régissent le lieu, le temps, l'espace; ce n'est pas un démon, ce n'est pas un effet d'une puissance démoniaque : c'est une certaine action spirituelle de l'homme qui nous est tout à fait naturelle et propre. — § 168. J'ai différé jusqu'à maintenant de dévoiler ce grand mystère, de montrer que l'homme a en lui, à portée de sa main, une énergie, qui, par sa seule volonté et sa seule force d'imagination, peut agir en dehors et imprimer son action, exercer une influence capable de persévérer sur un objet absent et même très lointain.

Voici le texte :

Recepta injecta, § 12. Quum hostis naturæ (diabolus) ipsam applicationem complere ex se nequeat, suscitat ideam fortis desiderii et odii in sagâ, ut, mutuatis istis mentalibus et liberis mediis, transferat suum velle per quod quodque efficere intendit. Quorsum imprimis etiam execrationes, cum ideâ desiderii et terroris, odiosissimis suis scrofis prescribit. — § 13. Quippe desiderium istud, ut est passio imaginantis, ita quoque creat ideam non quidem inanem, sed executivam atque incantamenti motivam. — § 19. Prout jam demonstravi, quod vis incantamenti potissima pendeat ab ideâ naturali sagæ.

De injectis materialibus, § 15. Saga, per ens naturale, imaginative format ideam liberam, naturalem et nocuam.... Sagæ operantur virtute naturali.... Homo etiam demittit medium aliud executivum, emanativum et mandativum ad incantandum hominem; quod medium est Idea fortis desiderii. Est nempe dessiderio inseparabile ferri circa optata.

De sympatheticis mediis, § 2. Ideæ scilicet desiderii, per modum influentarium cœlestium, jaciuntur in proprium objectum utcumque localiter remotum. Diriguntur nempe a desiderio objectum sibi specificante.

De magneticâ vulnerum curatione, § 76. Igitur in sanguine est quædam potestas extatica quæ, si quando ardenti desiderio excita fuerit, etiam ad absens aliquod objectum, exterioris hominis spiritu deducenda sit : ea autem potestas in exteriori homine latet velut in potentia; nec ducitur ad actum, nisi excitetur accensâ imaginatione ferventi desiderio, vel arte aliquâ pari. — § 98. Anima, prorsùm spiritus, nequaquam posset spiritum vitalem (corporeum equidem), multo minus carnem et ossa movere aut concitare, nisi vis illi quæpiam naturalis, magica tamen et spiritualis, ex anima in spiritum et corpus descenderet. Cedo, quo pacto obediret spiritus corporeus jussui animæ, nisi jussus spiritum, et deinceps corpus movendo foret? At extemplo contra hanc magicam motricem objicies, istam esse intra concretum sibi, suumque hospitium naturale, idcirco hanc etsi magam vocitemus, tantum erit nominis detorsio et abusus, siquidem vera et superstitiosa magica non ex animâ basin desumit; cum eadem hœc nihil quidquam valeat, extra corpus suum movere, alterare aut ciere. Respondeo, vim et magicam illam naturalem animæ, quæ extra se agat, virtute imaginis Dei, latere jam obscuram in homine velut obdormire (post prævaricationem) excitationisque indigam : quæ eadem, utut somnolenta ac velut ebria, alioqui sit in nobis quotidie : sufficit tamen ad obeunda munia in corpore suo : dormit itaque scientia et potestas magica, et solo nutu actrix in homine. — §.102. Satan itaque vim magicam hanc excitat (secus dormientem et scientiâ exterioris hominis impeditam) in suis mancipiis et inservit eadem illis, ensis vice in manu potentis, id est sagæ. Nec aliud prorsus Satan ad homicidium affert, præter excitationem dictæ potestatis somnolentæ. — § 106. Saga in stabulo absente occidit equum : virtus quædam naturalis a spiritu sagæ, et non a Satana, derivatur, quæ opprimat vel strangulet spiritum vitalem equi. — § 139. Spiritus voco magnetismi patronos non qui ex cœlo demittuntur, multôque minus de infernalibus sermo est; sed de iis que fiunt in ipso homine, sicut ex silice ignis; ex voluntate hominis nempe aliquantillum, spiritus vitalis influentis desumitur, et id ipsum assumit idealem entitatem, tanquam formam ad complementum. Quà nactà perfectione, spiritus mediam sortem inter corpora et non corpora assumit. Mittitur autem eo quo voluntas ipsum dirigit : idealis igitur entitas... nullis stringitur locorum, temporum aut dimensionum imperiis, ea nec dœmon est nec ejus ullus effectus; sed spiritualis quædam est actio illius, nobis plane naturalis et vernacula. — § 168. Ingens mysterium propalare hactenus distuli ostendere videlicet, ad manum in homine sitam esse energiam, quà, solo nutu et phantasiâ suâ, queat agere extra se et inprimere virtutem aliquam, influentiam deinceps perseverantem, et agentem in objectum longissimè absens.

Pomponatius de son côté (de *incantationibus*, Opera, Basil. 1567, p. 44) dit : « Il arrive ainsi qu'il y a des hommes qui ont en puissance des forces de cette nature, et ils les mettent en acte par la force de l'imagination et du désir. Cette puissance passe à l'acte et elle affecte le sang et l'esprit, et ces deux choses s'évaporant vont au dehors et produisent les effets dont nous parlons : Sic contingit tales esse homines qui habeant ejusmodi vires in potentia, et per vim imaginativam et desiderativam cum actu operantur; talis exitus exit ad actum et afficit sanguinem et spiritum, quæ per evaporationem petunt ad extra et producunt tales effectus. »

De très remarquables indications de cette nature nous ont été données par JEANNE LEADE, une élève de PORDAGE, une anglaise mystique, théosophe et visionnaire du temps de Cromwell. Elle arrive à la magie par une voie tout à fait propre. Le trait caractéristique de tous les mystiques c'est que pour eux il y a union de leur propre moi avec le Dieu de leur religion : ainsi pense *Jeanne Leade*. Et maintenant, pour elle, par une conséquence toute naturelle de cette unification de la volonté humaine et de la volonté divine, la première en vient à participer à la toute-puissance de la seconde, à acquérir ainsi un pouvoir magique. Ce que d'autres magiciens attribuent au pacte avec le diable, notre mystique l'attribue donc à son union avec Dieu : sa magie est, au sens éminent du mot, une magie blanche. Du reste, comme résultat et au point de vue pratique, c'est tout comme. Son langage est très réservé et plein de sous-entendus, comme il le fallait à cette époque : on voit bien cependant que, pour elle, la chose n'est pas le corollaire d'une théorie, mais qu'elle procède de connaissances d'une autre sorte, d'expériences. On trouvera le passage principal dans sa « *Offenbarung der Offen barungen* », traduction allemande de l'original, publiée à Amsterdam, 1695, de la page 126 à 151, particulièrement les pages intitulées « Des gelassenen Willens Macht. » C'est à ce livre que Horst, dans sa *Zauberbibliothek*, t. I, p. 325, emprunte le passage suivant, qui est pourtant plutôt un *résumé* qu'une reproduction littérale et qui est pris surtout des pages 119, § 87 et 88 : « La puissance magique met celui qui l'a à même de dominer et de renouveler la création c'est-à-dire le règne végétal, animal et minéral ; de telle sorte que si on était beaucoup à être unis dans l'exercice d'une seule et même force magique, la nature pourrait être transformée en paradis....

Comment parvenons-nous à cette force magique ? Par la Régénération, par la foi, c'est-à-dire par l'accord de notre volonté avec la *volonté* divine. La foi, en effet, nous soumet le monde dans la mesure où l'accord de notre volonté avec la volonté divine « aboutit à cette conséquence que, comme dit St Paul, tout est nôtre et doit nous obéir. » — Ainsi s'exprime Horst. — A la page 131 de son ouvrage cité, Jeanne Leade explique que le Christ a accompli ses miracles par le pouvoir de sa volonté, comme lorsqu'il dit au lépreux : « Je le veux, soyez guéri. » Mais parfois, il laisse la chose à la discrétion de ceux qu'il remarque avoir la foi ; lorsqu'il leur dit par exemple : « Que voulez-vous que je vous fasse ? et il leur était fait précisément tout ce qu'ils voulaient dans leur volonté que le maître fît pour eux. » Ces paroles de notre Sauveur méritent de nous que nous les considérions avec soin. Puisque la plus haute magie a son principe dans la volonté, pourvu que cette volonté se trouve en union avec la volonté du Très-Haut, toutes les fois que ces deux rouages s'accordent parfaitement, et, pour ainsi dire, ne font qu'un, toutes les fois alors, dis-je, il y a magie, etc.... » Elle dit page 132 : « Quelle chose donc pourrait s'opposer à une volonté qui est en union avec la volonté de Dieu ? Une telle volonté est si puissante qu'elle réalise de toute manière tout ce qu'elle veut. Ce n'est pas une volonté nue à laquelle manque son vêtement, la force : c'est une volonté qui porte en elle-même une toute-puissance invincible, par laquelle elle peut arracher ou planter, tuer ou donner la vie, lier ou délier, sauver ou perdre ; une puissance qui sera toute rassemblée et concentrée dans la volonté essentiellement libre et royale et que nous devons arriver à connaître lorsque nous ne ferons qu'un avec le Saint-Esprit, ou que nous serons unis de manière à ne faire qu'un esprit et qu'un être. » Il est dit page 133 : « Nous donc, les volontés multiples et diverses, mélange d'essences d'âmes, nous devons tous nous évaporer, nous noyer, nous perdre dans l'abîme sans fond, d'où se lèvera comme un soleil la volonté vierge qui, n'ayant été serve d'une chose quelconque appartenant à l'homme dégénéré, mais tout à fait libre et pure, se trouve en communication avec la force toute-puissante et produira immanquablement des fruits semblables ou analogues à elle, aura des effets de la même sorte;... l'abîme sans fond d'où sort brûlante l'huile de l'Esprit Saint, entourée du nimbe éclatant, des étincelles de sa magie. »

Jacob Böhme, lui aussi, dans son *Erklärung von sechs Punkten*, parle, à l'article du cinquième point, tout à fait dans le même sens de la magie. Il dit entre autres choses : « La magie est la mère de l'être de tous les êtres : puisqu'elle se fait elle-même et qu'elle consiste dans le désir. — La vraie magie n'est pas un être, c'est le désir, l'esprit de l'être. — En résumé, la magie c'est l'action de l'esprit qui veut. »

Pour confirmer, ou tout au moins expliquer l'opinion exposée ci-dessus, d'après laquelle la volonté est le véritable agent de la magie, je veux citer ici une curieuse et rare anecdote que Campanella, de *sensu rerum et magiâ*, livre IV, c. 18, raconte d'après Avicenne. « Quelques femmes convinrent de se rendre dans un verger en partie de plaisir. L'une d'elles manqua au rendez-vous. Les autres, toutes ensemble, prirent une orange et la percèrent d'épingles sans nombre disant : ainsi nous faisons à une telle qui n'a pas voulu venir avec nous; et elles s'en retournèrent ayant jeté l'orange dans la fontaine. Elles trouvèrent alors la susdite femme, se plaignant d'être comme si on lui avait planté des clous aigus dans tout le corps; et cela juste depuis le moment où les autres femmes avaient percé l'orange d'épingles. Sa douleur persista jusqu'à ce que les femmes eussent retiré les épingles de l'orange en faisant pour la malade toutes sortes de bons souhaits. »

Une description, remarquable par sa précision, de la sorcellerie homicide qu'exercent les prêtres des sauvages des îles Noukahiva, semble-t-il avec succès, et dont les procédés sont tout à fait analogues à nos cures sympathiques, nous est donnée par *Krusenstern*, dans son *Voyage autour du monde*, édit. in-12, 1812, partie I, p. 249[1]. Cette sorcellerie mérite considération, surtout par la raison qu'elle se présente essentiellement la même que la sorcellerie européenne, bien qu'il ne puisse être question ici d'aucune influence de nos contrées. Qu'on compare à cela ce

[1]. Krusenstern dit notamment : Une croyance générale à la sorcellerie, considérée comme très importante par tous les insulaires, me paraît avoir rapport à leur religion ; leurs prêtres seuls, en effet, si on les croit, sont capables de cette sorcellerie, quoique quelques personnes du commun du peuple puissent prétendre en posséder le secret, pour se faire craindre et se faire faire des présents. Ce sortilège, qui chez eux s'appelle Kaha, consiste à tuer quelqu'un à qui l'on en veut, lentement ; vingt jours sont le laps de temps nécessaire pour cela. On procède de la manière suivante. Celui qui veut avoir recours à la sorcellerie pour se venger, cherche à se procurer de quelque façon de la salive, de l'urine ou des excréments de son ennemi. Il mêle ces choses à une certaine poudre, enferme le mélange dans une pochette tissée d'une certaine façon et enterre le tout. Le point important de la chose c'est l'art de tisser la pochette et de préparer la poudre comme il faut. Sitôt le sac enterré, les effets commencent à se faire sentir sur la personne de celui qui est l'objet du sortilège. Il devient malade, languissant de jour en jour, finalement perd toutes ses forces et meurt à coup sûr après 20 jours. Cherche-t-il, au contraire, à détourner la vengeance de son ennemi et à racheter sa vie par le don d'un porc ou tout autre présent, il y a pour lui possibilité de recouvrer le salut le 19e jour encore : à peine la pochette est-elle déterrée que les accidents de la maladie cessent aussitôt. Il revient peu à peu ; et après quelques jours il est entièrement rétabli. — Addition à la 3e édition.

que raconte *Bende Bendsen*, dans l'*Archiv für thier. Magnetismus*, vol. IX, partie 1, remarque de la page 128-132), des maux de tête que lui-même a donnés à une personne étrangère au moyen de mèches de cheveux de cette personne, qu'il avait en sa possession. Il termine cette remarque par ces mots : « Ce qu'on appelle l'art de la sorcellerie, autant que j'ai pu m'en rendre compte par moi-même, ne consiste en rien d'autre qu'à se servir de moyens magnétiques, effectifs, pouvant véritablement nuire et mis en jeu par une action mauvaise de la volonté : c'est là proprement le pacte maudit avec Satan. »

Un phénomène encore digne de considération c'est la concordance de tous ces témoignages d'écrivains entre eux, leur concordance avec les idées, auxquelles nous a conduits ces derniers temps le magnétisme animal, et finalement avec les conséquences qu'on pourrait tirer, à ce point de vue, de ma doctrine spéculative. Ce qu'il y a de certain c'est que au fond de toutes les tentatives de magie qu'on peut relever, qu'elles aient été couronnées de succès ou non, il y a comme une anticipation de ma métaphysique, le sentiment net, que la loi de causalité n'établit de liaison qu'entre les phénomènes seuls, que la chose en soi reste indépendante d'elle ; qu'une action directe sur la nature est possible à l'homme et que cette action directe n'est réalisable que par la *volonté* seule. Veut-on maintenant, pour se conformer à la classification de Bacon, faire de la magie la métaphysique pratique ? Il est certain que la métaphysique théorique correspondante, qui lui convient le mieux, ne peut pas être autre que la mienne, qui résout le monde en ces deux choses : volonté et représentation.

Le zèle inhumain que de tous temps l'Eglise a mis à poursuivre la magie, et dont le *Malleus maleficarum* des Papes donne un témoignage redoutable, ne paraît pas seulement reposer sur les intentions souvent criminelles, qui sont souvent les siennes ni sur le rôle supposé que le diable y joue. Ce zèle vient en partie d'un pressentiment obscur et inquiet que la magie ne remette à sa vraie place la force originelle (Urkraft) ; tandis que l'Eglise l'avait au contraire reléguée en dehors de la Nature[1].

---

1. Tel est le sens du fameux :
   Nos habitat, non tartara sed nec sidera cœli ;
   Spiritus in nobis qui viget, illa facit.
Il n'habite pas dans le ciel et il n'habite pas non plus

Cette conjecture trouve une confirmation dans la haine et les précautions du clergé anglais contre le magnétisme animal[1]), comme aussi dans le zèle si vif qu'il déploie contre les tables tournantes, auxquelles, pour la même raison, en France et en Allemagne, le clergé n'a cessé de lancer l'anathème[2].

dans les enfers; c'est en nous-mêmes qu'il se meut. C'est l'esprit qui vit en nous qui, seul, fait cela.
(Qu'on compare JOHANN BEAUMONT, Historisch = Physiologisch = und Theologischer Tractat von Geistern, Erscheinungen, Hexereyen und andern Zauber = Händeln. Halle im Magdeburgischen, 1721, p. 281). — Addition à la 3ᵉ édition.

1. Comparez Parerga, Bd I., p. 257.
2. Le 4 août 1856, l'Inquisition Romaine a adressé à tous les évêques une lettre circulaire pour leur prescrire, au nom de l'église, de s'opposer de toutes leurs forces à la pratique du magnétisme animal. Les raisons données sont d'un vague et d'une obscurité remarquables. On sent là-dessous l'équivoque, et il est manifeste que le *Sanctum officium* ne veut pas donner la véritable raison. (La lettre circulaire a été imprimée dans le *Journal de Turin* en décembre 1856, puis dans le journal français: l'*Univers*, et de là dans le *Journal des Débats*, le 3 janvier 1857.) — Addition à la 3ᵉ édition.

II

Le Destin de l'Individu[1].

> Τὸ εἰκῆ οὐκ ἔστι ἐν τῇ ζωῇ,
> ἀλλὰ μία ἁρμονία καὶ τάξις.
> *Plotin.*
> Enn. IV, L. iv, c. 35.

*Réflexions transcendantes
sur la préméditation qui se montre dans le
destin de l'individu.*

Quoique les réflexions que je livre ici au lecteur n'aient aucun résultat pratique et pourraient peut-être être qualifiées de simple fantaisie métaphysique, je n'ai pu cependant me résoudre à les condamner à l'oubli, par la raison que chacun leur fera un accueil favorable ne fût-ce que pour les comparer avec les propres pensées qu'il nourrit sur le même

---

[1]. Le présent mémoire figure dans le tome I des *Parerga und Paralipomena*, de l'édition GRISEBACH, p. 229-255.

sujet. On voudra bien se souvenir cependant que tout en elles est douteux, non seulement la solution mais le problème lui-même. Il ne faut donc rien moins qu'attendre ici des conclusions fermes ; mais tout au plus le simple examen d'un problème très obscur, qui cependant, peut-être, s'est imposé plus d'une fois à la réflexion de chacun au cours de sa vie, et quand il se considérait lui-même. Nos pensées ne peuvent donc guère être rien de plus qu'un tâtonnement, une sorte de toucher dans l'obscurité. On se rend compte qu'il y a bien quelque chose, mais on ne sait pas bien dans quel endroit de la pièce ce quelque chose se trouve, ni quoi. S'il m'arrive pourtant parfois de prendre le ton positif ou même dogmatique, qu'il soit entendu une fois pour toutes que c'est pour éviter d'être filandreux et terne, par l'abus des formules de doute et de modestie répétées ; et qu'il ne faut pas prendre cela au sérieux.

La croyance à une providence spéciale ou encore à une conduite surnaturelle des événements, qui font la trame de notre vie individuelle, a été de tout temps une croyance populaire et que même parfois on trouve solidement enracinée dans les cerveaux pensants, éloignés de toute superstition, et même sans aucun rapport avec n'importe quels dogmes donnés.

— A cette croyance on peut objecter d'abord que, comme toutes les croyances ayant les dieux pour objets, elle n'a pas sa source dans la *connaissance*, mais dans la *volonté;* que c'est avant tout un enfant de notre besoin; vu que les données que la *connaissance* aurait pu livrer pour cela se ramèneraient peut-être à ceci, que le hasard, qui nous joue cent mauvais tours et combien pleins de malice, de loin en loin parfois, choisit de nous être agréable ou même à la longue de nous traiter très bien. Dans tous ces cas nous reconnaissons en lui la main de la providence et le plus clairement surtout s'il nous a conduit à bon port contre notre propre volonté ou même par des voies que nous redoutions : c'est alors que nous disons *tunc bene navigavi, cum naufragium feci*; et l'opposition entre notre choix et la direction, dont nous avons été l'objet, est alors vivement sentie, tout à l'avantage de cette dernière. C'est justement pour cela aussi que, quand le hasard nous est contraire, nous nous consolons avec le proverbe souvent employé « qui sait à quoi cela est bon ? » — un proverbe qui a proprement sa source dans cette vue de notre esprit que, s'il est vrai que le *hasard* domine le monde, l'*erreur* partage sa royauté ; et que, parce que nous sommes également soumis à l'un et à l'autre, justement peut-être cela est un bonheur, qui nous paraît aujourd'hui un malheur. C'est ainsi que nous allons des coups de l'un des deux tyrans du monde au devant des coups de l'autre, appelant du hasard à l'erreur.

Abstraction faite de cela, cependant, il nous faut prêter au simple et pur hasard, au hasard manifeste une intention ; et c'est là une pensée d'une audace sans pareille. Je crois néanmoins que tout homme, une fois en sa vie, a conçu cette pensée vivement. On la rencontre même chez tous les peuples et parallèlement à toutes les croyances ; quoique principalement chez les mahométans. C'est une pensée qui, suivant qu'on l'interprète d'une façon ou d'une autre, peut être la plus absurde ou la plus profonde. Aux exemples, qui pourraient lui servir de preuves on peut constamment opposer, quelque frappants qu'ils puissent être parfois, cette objection que ce serait le plus grand des miracles, si le hasard arrangeait bien nos affaires, ou même mieux que n'auraient pu le faire notre intelligence et notre raison.

Que tout ce qui arrive, tout sans exception, soit absolument nécessaire, c'est une vérité qui s'offre à nous *a priori*, donc inébranlable : je veux l'appeler ici le fatalisme démontrable. Dans mon écrit couronné sur la liberté de la volonté (die Freiheit des Willens) (p. 62, 2e édit., p. 60), elle se présente comme le résultat de toutes les recherches précédentes. Elle est confirmée empiriquement et *a posteriori* par le fait, dont on ne saurait plus douter, que la somnambule magnétique, que les personnes douées du don de seconde vue, que parfois les rêves qu'on a dans le sommeil ordinaire font connaître d'avance avec exactitude et précision l'avenir[1]. Cette théorie

---

1. Dans le *Times* du 2 décembre 1852, on lit le procès-verbal judiciaire suivant : à Newent dans le Glocestershire, une enquête judiciaire fut faite par le Coroner M. Lovegrove relativement au cadavre du nommé Mark Lane, trouvé noyé. Le frère du noyé déclara qu'à la première nouvelle de la disparition de son frère Marc, il a aussitôt répondu : « Alors il est noyé : parce que je l'ai rêvé cette nuit et que, debout dans l'eau profonde, j'étais fatigué à le tirer de là. » — La nuit suivante, il rêva encore que son frère était noyé près de l'écluse d'Oxenhall : il voyait au même endroit une truite dans l'eau. Le matin suivant, il alla, accompagné de son frère, à Oxenhall. Il vit à même, effectivement, une truite dans l'eau. Il fut aussitôt convaincu que son frère devait être là ; et effectivement on trouva le cadavre en cet endroit. — Donc quelque chose d'aussi fugitif que les évolutions d'une truite sur l'eau est vue plusieurs heures d'avance, à la minute près.

succincte de la rigoureuse nécessité de tout ce qui arrive trouve sa confirmation empirique la plus frappante dans la *seconde* vue. Ce que cette seconde vue nous fait connaître souvent longtemps d'avance, nous le voyons, en effet, arriver exactement et avec toutes les circonstances accessoires, tel que cela avait été annoncé, alors même qu'on a pris toutes les précautions possibles pour l'éviter ou pour faire que l'événement en question s'écartât, tout au moins sur quelques points, de la vision décrite. Toutes ces précautions sont toujours restées vaines ; et ce qui devait empêcher la prophétie de se réaliser n'a fait qu'en assurer l'accomplissement. Ainsi dans l'antiquité, dans les tragédies comme dans l'histoire proprement dite, le malheur annoncé par l'oracle ou le rêve est justement amené par les précautions prises pour l'éviter. Comme exemple de cela, je citerai simplement, entre tant d'autres, le roi Œdipe et la belle histoire de Crésus avec Adraste dans le livre I d'Hérodote, chap. xxxv-43. Les cas qui font le pendant de ceux-ci, pour la seconde vue, ont été réunis par le très honorable *Bende Bendsen*, dans la troisième partie du tome VIII de l'*Archiv für thierischen Magnetismus* de Kieser (en particulier, les exemples 4, 12, 14, 16) ;

et on en trouve un autre dans la *Théorie der Geisterkunde* de *Yung Stilling*, § 155. Si maintenant le don de seconde vue était aussi fréquent qu'il est rare, ce seraient des événements sans nombre, annoncés d'avance, qui se produiraient exactement; et la preuve de fait indéniable, que tout ce qui arrive, le général et le particulier, est rigoureusement nécessaire, deviendrait une preuve générale, fournie à chacun. Il n'y aurait alors plus lieu de douter que, si purement accidentel que se présente le cours des choses, il n'est cependant au fond rien moins que tel, et il faudrait bien plutôt admettre que tous ces hasards eux-mêmes, τα εἰκῆ φερομενα, font partie d'une nécessité tout au fond cachée, εἱμαρμενη, dont le hasard n'est que le simple instrument. Pénétrer cette nécessité a été de tout temps le but des efforts de la Mantique. Mais de la réalité de la Mantique, que nous invoquons ici, il ne s'ensuit pas seulement proprement, que toutes les choses arrivent parfaitement nécessaires, mais encore qu'elles sont en quelque sorte déjà déterminées d'avance, qu'elles ont une sorte de réalité objective, puisqu'elles s'offrent au regard du voyant comme quelque chose de présent. Et cependant cela peut se ramener toutefois encore à la simple nécessité, pour ces faits, de se produire en conséquence du cours de la série des effets et des causes. Mais, en tout cas, la vue ou plutôt l'opinion que cette nécessité de tout ce qui arrive n'est pas une nécessité aveugle, donc la croyance à un déroulement en même temps voulu et nécessaire de la série des événements de notre vie, constitue un fatalisme d'une espèce supérieure, qui, il est vrai, ne se laisse pas démontrer comme le fatalisme ordinaire, mais auquel, cependant, il n'est pas un homme qui n'arrive tôt ou tard une fois, et auquel il se tient, selon la portée de son intelligence, longtemps ou pour toujours. Ce fatalisme, nous pouvons, pour le distinguer du fatalisme ordinaire et démontrable, l'appeler le *Fatalisme transcendant*. Il ne naît pas, comme l'autre, d'une connaissance purement théorique ni de la recherche nécessaire pour édifier cette connaissance, recherche dont trop peu de personnes seraient capables; mais il se dégage lui-même peu à peu des expériences de la propre vie de chacun. Entre tous les faits de sa vie, chacun en remarque certains qui, ayant été pour lui particulièrement heureux, d'une part portent en eux l'empreinte d'une nécessité morale ou intérieure et de l'autre portent l'empreinte d'un hasard, de la fatalité extérieure à laquelle on serait redevable d'eux tous. La chose se produisant souvent, on en vient peu à peu à l'opinion, qui souvent se change en conviction, que le cours de la vie de l'individu, si compliqué qu'il soit en apparence, forme un tout ordonné, ayant sa tendance déterminée et sa signification pleine de sens, tout comme l'épopée composée avec le plus de soin[1]. Mais maintenant l'enseignement, qui en résulte pour l'individu, ne se rapporte qu'à sa volonté individuelle — qui, en dernière analyse, est son erreur individuelle. Vu que ce n'est pas dans l'histoire du monde, comme la philosophie du professeur de philosophie l'imagine, qu'on trouve réalisée l'idée d'un plan et d'un ensemble, mais bien dans la vie de l'individu. Les peuples n'existent simplement qu'*in abstracto :* les individus voilà ce qu'il y a de réel. Par suite, l'histoire générale du monde n'a pas directement de signification métaphysique : ce n'est à proprement parler qu'une simple configuration accidentelle. Je rappelle ici ce que j'ai dit là-dessus dans mon ouvrage die Welt als W. und V, t. I, § 35.

1. Il y a beaucoup de scènes de notre passé qui, examinées de près, nous paraissent un tout, aussi bien arrangé que pourrait l'être le roman le mieux charpenté.

— Donc, sur ce sujet du destin propre de l'individu, on voit naître, chez beaucoup de personnes, ce *fatalisme transcendant* auquel donne lieu peut-être chez tout individu, une fois ou l'autre, la considération attentive de sa propre vie, quand elle est suffisamment longue, et qui non seulement est très consolant, mais encore présente beaucoup de vrai. Aussi à toutes les époques en a-t-on fait un dogme[1]. Je veux rapporter ici, parce qu'il le mérite pour sa vérité, le témoignage d'un homme du monde et d'un courtisan expérimenté, avec cela parvenu à l'âge de Nestor, celui de Knebel, âgé de 90 ans, qui dit dans une lettre : « On trouvera, si on examine avec attention, que dans la vie de la plupart des hommes se découvre un certain plan qui,

---

1. Ce n'est ni ce que nous *faisons*, ni les *événements* de notre vie qui sont notre *œuvre* : mais ce que personne ne s'avise de prendre pour tel : je veux dire notre *nature*, notre *manière d'être*. C'est cette dernière chose et les circonstances et événements extérieurs enchaînés entre eux par la rigoureuse loi de la causalité qui font que nos actions et le cours de notre vie se déroulent avec une parfaite nécessité. Déjà donc dès sa naissance, l'homme a toute son existence irrévocablement déterminée jusque dans le plus petit détail, en sorte qu'une somnambule douée d'une grande clairvoyance, peut la prédire exactement. C'est là, la grande et sûre vérité que nous devrions avoir présente à l'esprit quand nous considérons et jugeons le cours de notre vie, nos actions et nos passions.

soit que leur propre nature, soit que les circonstances de leur vie les poussent à le réaliser, leur est assigné d'avance comme le but de leurs efforts. Ils peuvent passer dans la vie, par les péripéties les plus diverses, à la fin, cependant, leur existence forme un tout, dont toutes les parties visiblement s'accordent entre elles. — La main du destin, un destin quelconque, — quelque obscure que soit son action, — se montre certainement, qu'elle obéisse à une poussée extérieure ou à une excitation du dedans : même il arrive souvent que d'autres causes viennent contrarier cette direction. Si embrouillé que soit le cours de la vie, il se découvre toujours en elle une base et une direction » (Knebel's litterarischer Nachlasz : 2° édit. 1840, t. III p. 452).

Cette idée de plan, dont le rôle se découvre ainsi dans le cours de la vie de tout individu, s'explique en partie par l'immutabilité du caractère que nous apportons en naissant, dont les conséquences se déroulent implacables et qui fait que l'homme tombe toujours dans les mêmes ornières. Ce qui convient le mieux à son caractère, est reconnu par chacun, d'une manière si rapide et si sûre que d'ordinaire la conscience réfléchie, lucide, n'y est pour rien et qu'il agit, conséquemment à cela, d'une manière immédiate et comme par la voie de l'instinct. Cette façon de connaissance aboutissant à l'action, sans passer par la conscience lucide, peut se comparer aux *reflex actions* de Marshal Hall. Par elle tout homme, auquel violence n'est pas faite du dehors ou par ses propres préjugés et les vues fausses qu'il peut avoir, poursuit et atteint ce qui convient à sa personne, sans même pouvoir rendre compte de cela; tout comme la tortue, couvée dans le sable par la chaleur du soleil, qui, à peine sortie de l'œuf, court aussitôt, sans hésiter dans la direction de l'eau, qu'elle ne peut pas même voir. Et voilà la boussole intérieure, l'instinct secret, qui met chacun dans la voie droite, la seule qui lui convienne, et qu'il ne connaît pourtant pour être la bonne que quand il l'a déjà parcourue. — Cela ne paraît pas cependant suffisant, étant donnés l'influence puissante et le grand pouvoir des circonstances extérieures : et alors, il ne semble pas très croyable que la chose du monde la plus importante, le cours de cette vie humaine, vécue au prix de tant d'agitations, de maux, de souffrances, doive être abandonnée, même seulement pour une moitié, la moitié extérieure, purement et simplement à la direction d'un hasard vraiment aveugle qui n'est rien en lui-même, est étranger à toute notion d'ordre et cependant conduit par la main. On est plutôt tenté de croire que — de même qu'il existe certaines images (qu'on appelle des *Anamorphoses* (Pouillet II, 171) qui, à l'œil nu, ne présentent que des difformités grimaçantes et mutilées, et, vues au contraire dans un miroir conique, sont des figures humaines bien régulières, — de même la conception purement empirique du cours des choses est comme la vue de ces images à l'œil nu. A essayer de voir une intention du destin dans les choses, on ne fait qu'user, au contraire, de ce miroir conique qui introduit la combinaison et l'ordre dans ce qui semblait comme jeté au hasard. Mais à cette vue peut cependant toujours s'opposer la vue contraire que cet ensemble systématique, que nous croyons voir dans les événements de notre vie, n'est que le résultat de l'action inconsciente de notre imagination avide d'ordre et d'unité : une démarche de l'imagination semblable à celle par laquelle, sur un mur couvert de taches, nous découvrons des figures humaines et des groupes plutôt distincts et beaux, tandis qu'en réalité nous ne faisons que mettre de la cohésion et de l'ordre dans des taches toutes dues au hasard le plus aveugle. Et cependant il y a lieu de conjecturer que ce qui est pour nous, au sens le plus haut et le plus vrai du mot, le juste et l'utile ne peut pas réellement être ce qui était simplement projeté, réalisé jamais, donc ce qui n'a jamais reçu d'autre existence que dans notre pensée — les *vani disegni, che non han' mai loco* de l'Arioste — et donc que, une fois que le hasard l'a fait échouer, nous aurions à regretter notre vie durant; mais que bien plutôt ce que nous trouvons réellement empreint dans la grande image de la réalité, et dont nous disons, une fois que nous en avons reconnu l'utilité, avec conviction *sic erat in fatis*, c'est cela qui a dû arriver; que conséquemment donc, il faut que de quelque manière il soit pourvu à la réalisation de l'utile, entendu en ce sens du mot, par l'unité, existante au fin fond des choses, de l'*accidentel* et du *nécessaire*. Grâce à cette unité, dans le cours de la vie humaine, la nécessité intérieure qui se présente comme une poussée de l'instinct, la pensée réfléchie et raisonnable, finalement l'action extérieure des circonstances, réagissant l'une sur l'autre, travaillent à l'envie pour faire qu'à la fin de l'existence, quand tout est fini, la vie se découvre alors une œuvre d'art ayant ses fondements assurés et portée à sa perfection. Et cependant, auparavant, lorsqu'elle était à même de se faire, cette vie, comme tout autre œuvre qui n'est qu'ébauchée, ne laissait reconnaître souvent ni plan, ni but. Quand elle est terminée, au contraire, et qu'on la considère attentivement, il faut bien alors voir dans toute existence comme l'œuvre de la prévoyance la plus haute, de la sagesse et de la constance. Quant à l'importance qu'elle peut avoir, comme ensemble, cela dépend de la question si le sujet lui-même est un sujet ordinaire ou extraordinaire. De ce point de vue on pourrait en venir à la pensée très transcendante que ce monde des phénomènes, où règne le hasard, pourrait avoir pour substrat généralement et partout un *mundus intelligibilis* qui, lui-même, dominerait le hasard.— La nature, il est vrai, fait tout seulement pour l'espèce, et elle ne fait rien seulement pour l'individu ; parce que, pour elle, l'espèce est tout et l'individu rien. Mais ce que nous supposons qui agit ici, ce ne serait pas la nature, ce serait le métaphysique, qui dépasse la Nature, qui existe *tout entier* et *indivisible* dans tout individu, pour lequel, par suite, l'individu vaut le Tout.

A la vérité, il faudrait proprement, pour tirer au clair toutes ces choses, répondre tout d'abord aux questions suivantes : Peut-il y avoir désaccord complet entre le caractère et le destin d'un homme? ou bien, somme toute, la destinée est-elle toujours conforme au caractère? — Ou bien, enfin, une nécessité secrète, que nous ne comprenons pas, qu'on pourrait comparer au poète auteur d'un drame, travaille-t-elle toujours à ajuster l'un à l'autre de la manière qui convient?

— Mais ici il s'en faut que les choses aient toute la clarté désirable.

Cependant nous croyons être à tout moment, maître de nos actions. Ce n'est que quand nous jetons un coup d'œil en arrière sur notre vie passée, et surtout quand nous embrassons du regard les démarches malheureuses que nous avons pu faire, avec toute la série de leurs conséquences, c'est alors que nous ne comprenons souvent pas comment nous avons pu faire ceci, négliger de faire cela; de sorte qu'il semble qu'un pouvoir étrange ait guidé nos pas. Et alors Shakespeare dit :

Fate, show thy force; ourselves we do not owe;
What is decreed must be, and be this so!
    Twelfth-night, A. I sc. 5.

LE DESTIN DE L'INDIVIDU

Montre ta force, destin. Nous ne nous apparte-
[nons pas à nous-mêmes.
Ce qui est décrété, doit être, et que cela soit ainsi.

(Ietzt du deine Macht, o Schicksal, zeigen :
Was seyn soll musz geschehen, und keiner ist
[sein eigen.)

Gœthe, lui aussi, dit dans *Götz von Berlichingen* (Acte V) : « Nous, hommes, nous ne conduisons pas notre destinée : tout pouvoir sur nous est laissé aux mauvais esprits; et leur malveillance travaille à notre ruine. » Dans le *Comte d'Egmont* l'on trouve également (Acte V, scène dernière) : « L'homme croit conduire sa vie, se diriger lui-même; et sa vie intérieure est irrésistiblement faite par son destin. » Déjà le prophète Jérémie avait dit : « L'action de l'homme n'est pas en son pouvoir, il n'est au pouvoir de personne de décider comment il agira, quelle voie sera la sienne » (10, 23). On peut comparer avec cela : *Hérodote*, livre I, chap. XCI et IX, chap. XVI et aussi les dialogues des morts de Lucien XIX et XXX. Les anciens ne cessent pas de célébrer en vers et en prose la toute-puissance du destin et de souligner ainsi l'impuissance de l'homme en face de lui. On voit partout qu'ils sont pénétrés de cette conviction et ils ont le pressentiment d'une cohésion des choses, mystérieuse et plus profonde que la simple cohésion enpirique. De là chez les Grecs cette pluralité de termes pour rendre ce concept : ποτμος, αἰσα, εἱμαρμενη, πεπρωμενη, μοιρα, Ἀδραστεια, d'autres encore peut-être. Le mot προνοια, au contraire, déforme le concept en mettant à l'origine le νους, la chose secondaire : le concept devient ainsi, il est vrai, simple et compréhensible, mais en même temps superficiel et faux. Le principe de tout cela c'est que nos actions sont le produit nécessaire de deux facteurs : l'un, le caractère, qui reste immuable et qui ne nous est cependant connu qu'*a posteriori*, c'est-à-dire, peu à peu ; l'autre facteur, ce sont les motifs. Ces motifs sont extérieurs à nous ; ils nous viennent nécessairement du cours des choses, et ils agissent sur le caractère en question, supposé restant toujours le même, avec une nécessité qui équivaut à la nécessité mécanique. Mais le Moi, qui juge ainsi de ce déroulement des choses, est le sujet de la connaissance, étranger comme tel à ces deux facteurs et simple spectateur critique de la manière dont ils agissent. Et il y a lieu, pour lui, parfois de s'étonner.

Quand on a une fois compris ce que c'est que de prendre comme point de vue ce fatalisme transcendant et qu'on considère de là la vie de l'individu, on a parfois devant les yeux le plus merveilleux de tous les spectacles dans le contraste existant entre le caractère accidentel apparent, le caractère physique d'un fait, et sa nécessité morale et métaphysique, laquelle n'est cependant pas démontrable et plutôt ne peut jamais être qu'imaginée. Pour s'illustrer à soi-même la chose par un exemple connu de tous, et qui est en même temps propre, tant il est clair, à servir de type, qu'on considère le *Gang nach dem Eisenhammer* de Schiller. On voit là le retard, qu'apporte Fridolin, occupé à servir la messe, à remplir sa mission, s'expliquer non moins par le fait du hasard que par l'importance qu'il attache au service de Dieu et la nécessité que cela représente pour lui. Peut-être chacun, à la réflexion, trouvera-t-il dans sa propre vie des cas analogues, quoique non aussi importants ni d'une signification aussi précise. Mais beaucoup seront par là poussés à admettre qu'un pouvoir *secret* et *inexplicable* dirige tous les tours et détours de notre vie, très souvent même contre notre intention du moment, de manière cependant à servir son unité objective et son utilité subjective, donc de la manière qui convient le mieux à notre véritable bien ; et il nous arrive souvent plus tard de reconnaître ce qu'il y avait d'insensé dans les souhaits que nous formions en sens contraire. *Ducunt volentem fata, nolentem trahunt.* Sen. epist. 107. Mais un tel pouvoir relierait toutes choses comme par un fil invisible, et celles mêmes que la série des effets et des causes laisserait sans rapport les unes avec les autres, les rattacherait entre elles de manière à les faire apparaître toutes au même moment voulu. Ce pouvoir dominerait donc les événements de la vie réelle aussi complètement que le poète domine ceux qui composent son drame : mais l'accident et l'erreur, dont l'action perturbatrice vient se faire sentir tout d'abord et immédiatement dans le cours régulier des choses et leur enchaînement causal, ne seraient que les simples instruments dont se sert sa main invisible.

Ce qui, plus que tout, nous pousse à admettre hardiment l'existence d'un tel pouvoir ayant sa source dans la même origine profonde de la nécessité et du hasard, un pouvoir sans fond, c'est la considération que *l'individualité* propre de tout homme, cette individualité qui lui est si particulière, à tous les points de vue : physique, moral, intellectuel, qui, pour lui, est tout dans tout, et par là doit être venue de la nécessité métaphysique la plus haute; c'est la considération, dis-je, que cette *individualité* d'autre part (comme je l'ai démontré dans mon principal ouvrage, t. II, chap. XLIII) se présente comme le résultat nécessaire du caractère moral du père, de la capacité intellectuelle de la mère, et, en ce qui concerne le corps, des dispositions physiques communes des deux. Mais l'union de ce père et de cette mère a été amenée d'ordinaire par des circonstances qui semblent un pur hasard. C'est donc ici, que se présente irrésistiblement à l'esprit l'idée nécessaire ou le postulat métaphysique et moral d'une unité dernière de la nécessité et du hasard. Arriver à une idée claire de cette même et unique racine des deux, je le tiens pourtant pour impossible : la seule chose qu'on puisse dire c'est que ce principe unique serait en même temps ce que les anciens appelaient le destin πεπρωμενη, είμαρμενη, *fatum,* ce qu'ils entendaient par le génie protecteur de tout individu, et aussi, en même temps, ce que les chrétiens adorent sous le nom de Providence, προγοια. Ces trois choses se distinguent, il est vrai, en ceci que le *fatum* est aveugle, tandis que les deux autres sont conçues comme douées de la faculté de voir ; mais cette distinction anthropomorphique tombe et perd toute signification quand on se place au point de vue de cette essence intime et métaphysique des choses, dans laquelle seule nous avons à chercher la racine de cette unité inexplicable du hasard et du nécessaire, qui semble présider secrètement à la conduite de toutes les choses humaines.

L'idée d'un génie assistant tout homme et présidant au cours de sa vie, doit-être d'origine étrusque mais a été cependant généralement répandue chez les anciens. L'essentiel de cette croyance se trouve contenu dans un vers de Ménandre que Plutarque (*De tranquil. an.* c. xv, et aussi Stob. *Ecl.* livre I, c. vi, § 4 et Clem. Alex. *Strom.* livre V. c. xiv), nous a conservé :

Ἅπαντι δαιμων ανδρι συμπαραστατει
Ευθυς γενομενῳ, μυσταγωγος του βιου
Αγαθος.

(Hominem unumquemque, simul in lucem editus est, sectatur Genius, qui vitæ auspicium facit, bonus nimirum.) Platon, à la fin de la République, explique comment chaque âme, avant de renaître une fois de plus, se choisit une destinée avec la personnalité qui lui convient, et il ajoute ensuite : Ἐπειδὴ δ'οὖν πασας τας ψυχας τους βιους ᾑρῆσθαι, ὥσπερ ἐλαχον, ἐν ταξει προσιεναι προς την Λαχεσιν· ἐκεινην δ'ἑκαστῳ, ὁν εἱλετο δαιμονα, τουτον φυλακα ξυμπεμπειν του βιου και ἀποπληρωτην των αἱρεθεντων (l. X, 621). Nous devons à Porphyre un commentaire du plus haut intérêt de ce passage, commentaire que nous a conservé Stobée dans son *Ecl. eth.*, livre II, chap. VIII, § 37. Mais Platon avait déjà dit sur la matière : οὐχ ὑμας δαιμων ληξεται, ἀλλ' ὑμεις δαιμονα αἱρησεσθε. Πρωτος δε ὁ λαχων (le sort que détermine simplement la nature du choix). πρωτος αἱρεσθω βιον, ᾧ συνεσται ἐξ ἀναγκης. — Horace exprime très bien la chose :

Scit Genius, natale comes qui temperat astrum,
Naturæ deus humanæ, mortalis in unum
Quodque caput, vultu mutabilis, albus et ater.
      (II. epist. 2, 187.)

Dans Apulée, *De deo Socratis*, p. 236, édit. Bip., on trouve, relativement à ce génie, un passage qui mérite d'être lu avec attention. Jamblique a également sur le même sujet, dans son livre *De mysteriis Aegypt.*, sect. IX, chap. VI, *de proprio daemone*, un court mais important chapitre. Mais ce qui est encore plus notable c'est le passage de Proclus dans son commentaire sur l'Alcibiade de Platon p. 77, éd. Creuzer : ὁ γὰρ πᾶσαν ἡμῶν τὴν ζωὴν ἰθύνων καὶ τάς τε αἱρέσεις ἡμῶν ἀποπληρῶν, τὰς πρὸ τῆς γενέσεως, καὶ τὰς τῆς εἱμαρμένης δόσεις καὶ τῶν μοιρηγενετῶν θεῶν, ἔτι δὲ τὰς ἐκ τῆς προνοίας ἐλλάμψεις χορηγῶν καὶ παραμετρῶν, οὗτος ὁ δαίμων ἐστι κ.τ.λ. Théophraste Paracelse a un sentiment très profond de la même vérité lorsqu'il s'exprime en ces termes : disons pour faire connaître ce qu'est le *fatum* que tout homme a un esprit qui habite en dehors de lui, et a son siège dans les étoiles supérieures. Cet esprit a les mêmes *bosses*[1] que son maître; c'est par lui que viennent à ce dernier, avant ou après, les *præsagia*, ces *præsagia* qui sont où il est. Ces esprits s'appellent le « *fatum.* » (*Theophr. Werke Strazb.* 1603, in-fol. t. II, p. 36.) Notons que cette pensée se trouve déjà chez Plutarque lorsqu'il dit que, indépendamment de la partie de son âme plongée dans le corps terrestre, l'homme en a une autre, plus pure, qui reste planant au-dessus de sa tête, étant pour lui comme une étoile et nommée avec raison son démon, son Génie qui le guide, et dont l'homme

---

1. Types, proéminences, bosses, de l'italien bozza, abbozzare, abbozo; de là le mot allemand *bossiren* (bosseler) et le français bosse.

sage suit bien volontiers les inspirations. Le passage est trop long à citer en entier. La principale phrase est : τὸ μεν ουν ὑποβρύχιον ἐν τῳ σωματι φερομενον Ψυχη λεγεται. τὸ δε φθορας λειφθεν, οἱ πολλοί Νουν καλουντες, εντος ειναι νομιζουσιν αυτων. οἱ δε ορθως ὑπονοουντες, ὡς εκτος οντα, Δαίμονα προσαγορευουσι. Je remarque en passant que le christianisme qui, comme on sait, a volontiers transformé les dieux et les démons des païens en diables, paraît avoir fait de ce génie des anciens le *spiritus familiaris* des savants et des magiciens. — La conception chrétienne de la Providence est trop connue pour qu'il soit nécessaire de s'y arrêter ici. — Tout cela, ce ne sont cependant que des manières figurées et allégoriques de comprendre les choses dont il s'agit ici ; vu que d'une manière générale il ne nous est permis de nous représenter les vérités les plus profondes et les plus cachées que par des images et des comparaisons.

En réalité, cependant, tout pouvoir caché, dirigeant les influences extérieures, ne peut finalement avoir sa racine que dans le fond mystérieux de notre propre être ; vu que l'α et l'ω de toute existence se trouvent finalement en nous-mêmes. Mais la seule possibilité qu'il en soit ainsi, même à mettre les choses au mieux, nous ne pouvons seulement l'entrevoir dans une certaine mesure et comme de loin qu'encore au moyen d'analogies et de comparaisons.

L'analogie la plus proche, qui se présente à nous, de la façon dont se comporte ce pouvoir, nous est fournie par la *téléologie de la nature :* cette téléologie de la nature qui est l'*utile* se réalisant comme sans connaissance du but, surtout là où se manifeste l'*utilité extérieure,* c'est-à-dire l'adaptation utile entre des êtres divers, des êtres de différentes espèces, une utilité qui peut trouver place même dans le monde inorganique. Un exemple frappant d'utilité de cette sorte, ce sont les épaves si nombreuses que la mer amène dans les régions polaires complètement démunies d'arbres. Un autre exemple, c'est la circonstance que dans notre planète les continents ont plutôt été repoussés vers le Pôle nord, dont l'hiver, pour des raisons astronomiques, est plus court de 8 jours et est par suite beaucoup plus doux que l'hiver du Pôle sud. Cependant c'est encore l'utilité intérieure, l'utilité qui se manifeste sans doute possible au sein d'un organisme, cet accord surprenant, qu'il faut pour cela, entre la technique de la nature et son simple mécanisme, l'accord du *nexus fi-*

nalis avec le *nexus effectivus* (je renvoie sur ce point à mon principal ouvrage t. II ch. XXVI, p. 334-339), (3ᵉ édition, p. 379-387) ; c'est cette utilité intérieure qui nous laisse encore voir, par analogie, comment des choses venues des points divers, je devrais dire les plus éloignés, des choses s'apparaissant à elles-mêmes comme tout à fait étrangères les unes aux autres, conspirent cependant à un but final, finissent exactement par se rencontrer guidées non par la connaissance, mais par une nécessité supérieure existant antérieurement à toute connaissance possible. — Allons plus loin ; si on se représente à l'esprit la théorie, exposée par Kant et plus tard par Laplace, de l'origine de notre système planétaire, cette théorie dont la vraisemblance équivaut à la certitude, et qu'on se laisse aller à des considérations du genre de celles que j'ai exposées dans mon principal ouvrage (tome II, ch. XXV, p. 324, 3ᵉ édition p. 368) ; si on se repasse donc comment du jeu des forces de la nature aveugle, suivant des lois immuables, a dû finir par sortir ce monde planétaire si étonnamment ordonné, — alors ici aussi on a une analogie qui peut servir d'une manière générale et de loin à nous faire comprendre comment il se peut que le cours de la vie individuelle elle-même soit, par les événements qui sont le jeu souvent si capricieux du hasard aveugle, conduit comme d'une manière conforme à un plan et de la façon qui semble convenir le mieux pour le véritable et dernier bien de la personne. Ceci admis, rien n'empêche de considérer le dogme de la *providence* comme tout à fait propre à l'homme, comme vrai, mais non pas d'une vérité immédiate et *sensu proprio :* ce serait l'expression médiate allégorique et mythique d'une vérité, et — comme tous les mythes religieux — suffisante pour le but pratique et pour la tranquillité de l'individu ; — dans le même sens, par exemple, que la théologie morale de Kant, dans laquelle il ne faut voir, elle aussi, qu'un schème destiné à servir d'orientation, donc une allégorie. En un mot ce ne serait pas la vérité, mais ce serait tout comme. Dans ces forces premières de la nature, obscures et aveugles, dont le jeu et les réactions mutuelles donnent naissance au système planétaire, c'est déjà la volonté de vivre, — qui plus tard se manifeste dans les phénomènes les plus complexes de la vie, — qui est ce qui agit à l'intérieur, qui est le principe directeur, et c'est elle qui déjà là, utilisant les rigoureuses lois de la nature pour travailler à son but, jette les fondements solides de toute la structure du monde et de son ordre ; — tandis que, par exemple, le choc ou la vibration la plus accidentelle, la déclinaison de l'écliptique et la vitesse de la rotation, sont déterminés pour toujours et que le résultat final doit être la manifestation de son essence entière, cette essence agissant fortement déjà dans ces forces primitives. De même aussi tous les faits qui déterminent les actes d'un homme, indépendamment de l'enchaînement des causes et effets qui les produit, ne sont tous cependant que l'objectivation de la volonté elle-même, qui se manifeste déjà dans cet homme lui-même. D'où l'on peut entrevoir, il est vrai comme dans un nuage, que ces événements doivent nécessairement s'accorder et s'accommoder aux buts les plus particuliers de chaque homme. C'est en ce sens qu'ils constituent donc cette puissance mystérieuse qui préside à la destinée de chacun et dont on fait allégoriquement son génie ou sa providence. Mais, envisagé du point de vue purement objectif, ce n'est — et cela pour toujours — simplement que l'enchaînement causal général, embrassant tout sans exception, par le moyen duquel tout ce qui arrive arrive d'une nécessité absolue et complète, — qui tient la place du gouvernement du monde, simplement mythique ; et même a droit à porter son nom.

Pour rendre ceci plus compréhensible, nous pouvons avoir recours à la considération générale suivante. « Accidentel » signifie simplement la rencontre dans le temps de ce qui n'est pas lié par un enchaînement causal. Mais naturellement il n'y a rien d'*absolument* accidentel. Même ce qui est le plus accidentel n'est que quelque chose de nécessaire qui se produit par une voie déterminée : des causes déterminées, rattachées tout à fait en haut à la chaîne causale, ont déjà depuis très longtemps rendu nécessaire que telle ou telle chose se produisît à un moment donné et par suite en même temps qu'une autre. Ce fait est donc l'anneau isolé d'une chaîne de causes et d'effets qui se développe dans la direction du temps. Mais de ces chaînes causales, il y en a, étant donné l'espace, il y en a en nombre infini qui se déroulent l'une à côté de l'autre. Ces chaînes causales ne sont pourtant pas absolument étrangères l'une à l'autre et sans connexion entre elles ; il est plus vrai de dire qu'elles tiennent les unes aux autres de multiple façon. Par exemple, plusieurs causes, agissant en même temps, chacune ayant son effet divers, proviennent, quand on remonte tout à fait en haut, d'une cause commune et par suite sont parentes les unes aux autres, comme les descendants d'un même ancêtre. D'autre part, un effet isolé, qui se produit à un moment, a souvent besoin du concours de plusieurs causes diverses qui viennent toutes du passé, chacune formant un anneau de sa chaîne propre. En conséquence, toutes ces chaînes causales, se déroulant dans le temps, forment un unique réseau, immense, de mailles entrelacées de multiples manières, qui également se déroule dans toute son étendue dans la direction du temps, et fait justement le cours du monde. Si maintenant, nous nous représentons chacune de ces chaînes causales par des méridiens qui iraient dans le sens du temps, nous pourrions partout représenter par des parallèles les faits qui se produisent à un même moment et qui pour cela ne sont pas entre eux dans des rapports de liaison causale directe. Tout ce qui maintenant se trouve situé sous le même parallèle, ne se trouve pas dans des rapports de liaison immédiate ; mais le tout ne formant cependant qu'un réseau aux mailles entrelacées, toutes ces causes et tous ces effets, se déroulant ensemble comme un tout dans la direction du temps, il s'ensuit cependant qu'il y a là, indirectement entre tous ces faits, une liaison certaine quoique détournée. La simultanéité des faits se produisant à un moment donné est donc une simultanéité nécessaire. C'est là-dessus que repose le concours accidentel de toutes les conditions d'un fait, nécessaire au sens le plus élevé du mot : l'accomplissement de ce que le destin a voulu. C'est ce qui explique, par exemple, ce fait que, lorsque à la suite des invasions le flot de la Barbarie se répandit sur l'Europe, les plus beaux chefs-d'œuvre de la sculpture grecque : le Laocoon, l'Apollon du Vatican et autres, disparurent aussitôt comme engloutis par un coup de théâtre, s'enfonçant dans le sein de la terre, pour rester là intacts, un millier d'années, attendant un temps plus heureux, plus noble, capable de comprendre et d'apprécier les arts, et pour enfin, quand ce temps est venu, vers la fin du xve siècle sous le pape Jules II, apparaître de nouveau à la lumière comme les modèles bien conservés de l'art et du véritable type de la forme humaine. C'est encore par cela que s'explique la rencontre en temps voulu des occasions et des circonstances importantes et décisives pour la vie des individus, et finalement même le fait des présages, dont la croyance est si générale et si profondément ancrée qu'il n'est pas rare qu'elle ait trouvé sa place dans les têtes les plus fortes. Rien en effet, n'est *absolument* hasard, ou plutôt tout arrive nécessairement; et, certes, la simultanéité même de ce entre quoi n'existe pas de rapports de causalité, cette simultanéité qu'on nomme le hasard, est une simultanéité nécessaire puisque ce qui se produit au même moment était déjà *comme tel* déterminé par ses causes, dans le passé le plus lointain. Ainsi tout se reflète dans tout; toute chose a dans toute chose son écho; et à l'ensemble des choses peut s'appliquer cette sentence bien connue d'Hippocrate *de alimento* (opp. ed. Kühn, t. II, p. 20), relative au concours, à la collaboration de toutes les parties de l'organisme : ζυρροια μια, συμπνοια μια, συμπαθεα παντα. — Le penchant, toujours renaissant de l'homme à croire aux présages, ses *extispicia* et ses ὀρνιθοσκοπια, sa pratique d'ouvrir la Bible au hasard pour en faire un oracle, d'abattre les cartes, de faire couler du plomb, de consulter le marc de café et tant d'autres choses, tout cela témoigne de sa croyance, qui défie toutes raisons, qu'il est possible de quelque façon de connaître par ce qui est présent et qu'il a sous les yeux ce que l'espace et le temps lui dérobent, donc ce qui est lointain ou ce qui est à venir, en sorte que rien ne s'oppose à ce qu'il puisse déduire l'un de l'autre à la condition seulement d'avoir la clef de cette écriture secrète.

Une seconde analogie qui, toute différente, peut contribuer à nous faire comprendre indirectement le fatalisme transcendant, dont il s'agit ici, une seconde analogie nous est fournie par le *rêve*, le rêve avec lequel la vie a, d'une manière générale, une ressemblance depuis bien longtemps reconnue et souvent exprimée; tellement que l'Idéalisme transcendantal de Kant, peut être considéré comme la formule la plus claire de cette conception qui fait de notre existence consciente comme une sorte de rêve; j'ai même dit cela dans ma critique de sa philosophie. C'est cette analogie avec le rêve qui nous fait entrevoir, il est bien vrai toujours seulement dans un lointain nébuleux, comment le pouvoir secret qui domine et dirige, en vue des plans qu'il a sur nous, les événements extérieurs qui nous touchent, pourrait cependant avoir ses racines dans la profondeur incommensurable de notre être propre. Dans le rêve aussi, certes, les circonstances qui sont les motifs de nos actes se présentent également comme des

circonstances extérieures, indépendantes de
nous, souvent même redoutées de nous, purement accidentelles ; et cependant là entre
elles il y a une liaison secrète et voulue. Un
pouvoir caché, auquel tout, ce qui se produit au hasard dans le rêve, obéit, dirige
aussi et combine ces circonstances et, à la
vérité, uniquement par rapport à nous. Mais,
ici, ce qu'il y a de plus étrange, c'est que, finalement, ce pouvoir ne peut pas être autre que
notre propre volonté, mais notre volonté envisagée d'un point de vue qui n'est pas celui
de l'activité consciente qu'elle déploie dans
le rêve. C'est ce qui fait que les événements
de notre rêve, si souvent, se produisent tout à
fait contre notre volonté la plus claire à ce
moment, excitant en nous l'étonnement, le dégoût, la peur même, la crainte de la mort,
sans que le destin, que nous conduisons
cependant secrètement nous-mêmes, vienne
à notre secours ; — c'est ce qui fait encore
que nous posons avidement une question
pour recevoir une réponse qui nous étonne,
ou encore que nous nous voyons interrogés
comme dans un examen et que nous sommes
incapables de trouver la réponse, qu'à l'instant
même un autre, à notre honte, donne sans
hésiter ; et cependant, dans un cas comme

6

dans l'autre, la réponse ne peut toujours venir que de nos propres moyens. Il y a encore une autre explication qui fait mieux comprendre cette conduite mystérieuse, qui vient de nous, des événements dans le rêve, et son procédé. Cette explication peut seule suffire, malheureusement elle est d'une nature obscène. J'attends donc des lecteurs, dignes que je m'adresse à eux, qu'ils n'iront pas se scandaliser ni prendre la chose du côté risible. Il y a, comme on sait, des rêves dont la nature est de servir à une fin matérielle : à savoir de vider de semence les bourses trop remplies. Les rêves de cette sorte comprennent naturellement des scènes lubriques.

Mais parfois c'est aussi le cas d'autres rêves qui n'ont pas ce but direct ni ne l'atteignent indirectement. Mais il y a ici cette différence : dans les rêves de la première sorte les belles et l'occasion se montrent bientôt favorables et la nature atteint son but. Dans les rêves de l'autre sorte, au contraire, la chose que nous désirons le plus vivement rencontre toujours de nouveaux obstacles, que nous nous efforçons en vain de surmonter, pour finalement ne pas arriver encore au but. Qui crée ces empêchements et coup sur coup fait échouer nos plus vifs désirs? Ce n'est pourtant que notre volonté propre, mais notre volonté provenant d'une région située bien au delà des conceptions conscientes du rêve et qui par suite intervient là comme un destin implacable. Mais ne devrait-il pas pouvoir en être de même du destin dans la réalité ? de cette ordonnance systématique que tout homme peut-être, à un moment, voit dans les événements de sa vie, et qui serait analogue à ce que nous avons vu dans le rêve ? Il arrive parfois que nous avons formé un plan auquel nous nous sommes fortement attachés, dont il est démontré plus tard qu'il n'avait rien de conforme à notre vrai bien. Ce plan nous en poursuivons la réalisation avec ardeur, et cependant c'est contre ce plan comme une conjuration du sort qui met en mouvement toute sa machinerie pour le faire échouer ; et nous sommes ainsi finalement ramenés contre notre volonté à la voie qui est vraiment pour nous la bonne. En présence de cette opposition qui semble voulue, c'est une façon de parler de beaucoup de personnes de dire : il me semble que cela ne DOIT pas être ; d'autres y voient des présages, d'autres le doigt de Dieu. Mais tous sont de cet avis, que si le sort s'obstine si manifestement à contrarier l'exécution d'un plan, il nous faut l'abandonner; parce que ce plan, ne convenant pas au but final pour lequel, à notre insu, nous sommes faits, ne sera pas réalisé, et qu'en nous obstinant à le poursuivre, nous nous attirerons de la part du destin des coups de boutoirs encore plus rudes, jusqu'à ce que, finalement, nous soyons de nouveau dans la droite voie; ou bien encore parce que, s'il nous arrivait de violenter les choses, il ne pourrait en sortir pour nous que du dommage et du mal. Par là se trouve pleinement confirmé le fameux *ducunt volentem fata, nolentem trahunt.* Dans beaucoup de cas, il devient réellement manifeste, plus tard, qu'il importait tout à fait à notre véritable bien que ce plan échouât. Et cela pourrait être vrai aussi dans les cas où nous n'en savons rien, surtout si nous considérons comme notre véritable bien le bien métaphysique moral. — Mais si nous venons à prendre en considération le résultat fondamental de toute ma philosophie, à savoir que ce qui produit et soutient le phénomène du monde, c'est la volonté, la volonté qui vit et s'efforce dans tout individu, et, si nous nous rappelons en même temps la ressemblance si généralement reconnue de la vie et du rêve, nous pouvons alors, résumant tout ce qui vient d'être dit, nous représenter, d'une manière générale, comme tout à fait possible que, de même que chacun est l'impresario secret de ses rêves, de même ce destin, qui domine le cours de notre vie réelle vient aussi en quelque façon de cette volonté, qui est la nôtre propre, mais qui cependant ici, quand elle se présente comme destin, exerce son action d'une région située bien au delà de notre conscience représentative individuelle, laquelle ne fait que fournir les motifs qui dirigent notre volonté empirique, connaissable, notre volonté comme individu, cette volonté, qui conséquemment doit livrer les plus vifs combats à cette autre volonté nôtre qui se présente comme le destin, cette volonté qui est notre génie : « Qui habite et a son siège dans les étoiles supérieures, » embrassant de loin le contenu de la conscience individuelle et par suite implacable à son égard; qui dispose et fixe, à titre de contrainte extérieure, ce qu'il ne doit pas laisser à notre volonté empirique le soin de trouver et qu'il veut cependant qu'elle sache sans faute.

Pour atténuer ce qu'il y a d'étonnant, ou même d'exorbitant dans cette proposition osée, on peut se servir tout d'abord d'un passage de Scot Érigène, à l'occasion duquel il faut se souvenir que son Dieu, auquel la connaissance est étrangère, dont on ne saurait affirmer, à titre d'attribut, ni l'espace ni le temps, ni les dix catégories d'Aristote, — auquel reste d'une manière générale un seul attribut, la *volonté;* — il faut se souvenir que ce Dieu n'est manifestement rien d'autre que ce qui chez nous est la volonté de vivre : « Est etiam alia species ignorantiæ in Deo, quando ea, quae præscivit et praedestinavit, ignorare dicitur, dum adhuc in rerum factarum cursibus experimento non apparuerint (*De divis. nat.* p. 83 édit. Oxford). » Et bientôt après : « Tertia species divinæ ignorantiæ est per quam Deus dicitur ignorare ea, quæ nondum experimento actionis et operationis in effectibus manifeste apparent : quorum tam invisibiles rationes in seipso, a seipso creatas et sibi ipsi cognitas possidet. »

Quand maintenant, pour faire comprendre de quelque façon l'opinion ici exposée, nous avons recours à la ressemblance bien connue de la vie avec le rêve, il faut cependant marquer la différence que dans le simple rêve les rapports sont ce qu'il y a de plus simple : il n'y a qu'un *moi* qui veuille et sente réellement; les autres *mois* ne sont que des fantômes. Dans le grand rêve de la vie, au contraire, les rapports sont compliqués et réciproques puisque, non seulement, l'individu, quand cela est nécessaire, figure dans le rêve d'un autre, mais cet individu à son tour, figure dans le sien; en sorte que par une *harmonia praestabilita* véritable, chacun ne rêve que ce qui lui convient, étant donnée sa propre direction métaphysique, et cependant tous ces rêves, toutes ces vies, s'entrelacent de telle sorte que chacun a ce qui lui est profitable et fait en même temps ce qui est nécessaire aux autres. Et c'est ce qui fait que peut-être un grand événement mondial s'accommode au destin d'un grand nombre de milliers de personnes et en même temps à chacun d'eux d'une manière toute particulière. Tous les événements de la vie d'un homme pourraient donc se grouper d'après les deux façons fondamentalement diverses dont ils se tiennent. Il y a d'abord la connexion objective, causale, des événements naturels; il y a, en second lieu, la connexion subjective qui n'existe que par rapport à l'individu dont la vie est faite de ces faits, connexion aussi subjective que l'est son propre rêve; dans laquelle, cependant, les faits sont également, quant à leur succession et à leur contenu, déterminés nécessairement, mais à la manière des scènes d'un drame qui se suivent, parce que ainsi le veut le poète. Que maintenant ces 2 sortes de cohésions existent concurremment et que le même fait, anneau de deux chaînes tout à fait diverses, s'adapte cependant exactement aux deux, d'où il suit que, chaque fois, le destin de l'un convient au destin de l'autre et que chacun est, en même temps que le héros de son propre drame, le figurant du drame d'autrui ; c'est là à la vérité une chose qui dépasse notre force de compréhension et qui ne peut être conçue comme possible qu'à la condition d'admettre *l'harmonie préétablie* la plus étonnante. Mais ne serait-ce pas d'autre part impuissance et pusillanimité de tenir pour impossible que les vies humaines, les vies de tous les hommes ensemble, puissent réaliser, entre elles, ce *concentus* et cette harmonie que le compositeur sait faire régner entre tant de voix, en apparence discordantes entre elles, qui composent sa symphonie ? Et même la crainte que nous inspire cette pensée démesurée s'évanouira un peu, si nous nous rappelons que le sujet du grand rêve de la vie est, en un certain sens, un seul et même sujet, la volonté de vivre, et que toute multiplicité des phénomènes est conditionnée par le temps et l'espace. C'est un grand rêve que rêve cet être *Un :* un rêve, mais un rêve de telle sorte que tous ses personnages le rêvent avec lui. De là ceci, que tout est dans tout, que tout s'ajuste à tout. Veut-on aller, maintenant, plus loin? Admet-on ce double enchaînement de tous les faits par lequel tout être, d'abord existe pour soi-même, se démène, agit et va sa voie nécessairement, d'une manière conforme à sa nature, et d'autre part, en même temps, doit servir à l'intelligence d'un autre être, doit agir sur lui et est lui-même déterminé et approprié en vue de cela, tout comme le sont les images de leurs rêves? — Si, dis-je, on admet cela, il faudra donc l'étendre à toute la nature, donc aussi aux aminaux et aux êtres privés de connaissance. Mais c'est alors qu'on commence à entrevoir la possibilité des *omina*, *praesagia* et *portenta*, puisque ce qui, dans le train ordinaire de la nature, arrive *nécessairement*, peut s'envisager d'autre part comme quelque chose qui n'est pour moi qu'une simple image, un certain arrangement du rêve qu'est ma vie, ne se produisant et n'existant que par rapport à moi ou encore comme un simple reflet et un écho de ma propre action et de ma vie. Après cela donc le *naturel* d'un fait, sa nécessité perçue avec la connaissance de ses causes n'excluent aucunement son côté présage; et de même son côté présage n'exclut pas son côté naturel et nécessaire. Ceux-là se trompent complètement qui prétendent rejeter le côté présage d'un événement par la raison qu'il est inévitable : ils le démontrent en en indiquant très nettement les causes naturelles et nécessaires, au nom de la physique, avec des mines savantes, si c'est un phénomène de la nature. De cela aucun homme sensé ne doute ; personne ne veut donner un présage pour un miracle : mais c'est justement parce que la chaîne sans fin des causes et des effets, avec l'inflexible nécessité qui lui est propre et sa prédestination éternelle, a rendu inévitable l'apparition de ce phénomène à ce moment important du temps, c'est justement pour cela que ce phénomène prend ce caractère de présage. C'est à ces malins qu'il faut surtout rappeler principalement quand ils sont physiciens, que « there are more things in heaven and earth than are dreamt of in your philosophy » (Hamlet, act. I, sc. 5). D'autre part en même temps, avec la croyance aux présages, nous voyons la porte s'ouvrir de nouveau à l'Astrologie : le fait le plus insignifiant servant de présage, le vol d'un oiseau, la rencontre de quelqu'un ou toute autre chose semblable, se trouve conditionné par une série de causes qui est aussi sans fin et qui se déroule avec la même nécessité que celle qui rend compte de l'état précis des étoiles à un moment donné. Seulement la constellation est placée si haut que la moitié des habitants de la terre la voient en même temps; le présage, au contraire, n'est visible que dans le cercle de l'individu qu'il touche. Veut-on, au reste, se représenter d'une manière sensible, par une comparaison, la possibilité des présages? Celui qui, au moment d'accomplir un acte important de sa vie, dont les conséquences sont encore cachées dans le sein du temps, voit un bon ou mauvais présage, qui le met en défiance ou le confirme dans son dessein, peut se comparer à une corde tendue qui, quand on la frappe, ne s'entend pas elle-même, et qui cependant percevrait la corde étrangère qui résonne en conséquence de sa propre vibration.

Grâce à Kant, qui a distingué la chose en soi de son phénomène, et grâce à moi-même qui ai ramené la première à la volonté et le dernier à la représentation, on peut aujourd'hui entrevoir, il est vrai imparfaitement et de loin, la possibilité de concilier trois contradictions.

Ces trois contradictions sont :

1) D'abord la contradiction existante entre la liberté de la volonté en elle-même et la nécessité générale de tous les actes de l'individu.

2) Celle qu'il y a entre le mécanisme et la technique de la nature ou le *nexus effectivus* et le *nexus finalis*, ou entre l'explication purement causale de la nature et l'explication téléologique. (Voir là-dessus la *Kritik der Urtheilskraft* de Kant, § 78 et mon grand ouvrage t. II, ch. xxvi, p. 334-339, 3ᵉ édit., p. 379-387.)

3) Enfin la contradiction entre ce qu'il y a de manifestement accidentel dans tous les événements de la vie individuelle et leur nécessité morale ayant pour but le développement de cette vie et conforme à une certaine utilité transcendante de l'individu, en d'autres termes, en langage populaire, entre le cours de la nature et la Providence.

Notre façon de comprendre la possibilité de dissiper chacune de ces trois oppositions, bien que n'étant suffisamment claire pour aucune, l'est cependant plus pour la première que pour la seconde, mais presque pas du tout pour la troisième. Le fait cependant que nous comprenons, même d'une manière incomplète, que chacune de ces contradictions peut se résoudre, jette tout au moins quelque lumière sur les deux premières, leur servant d'image et de comparaison.

A quoi tend maintenant finalement toute cette direction mystérieuse du cours de la vie individuelle, dont il s'agit ici, c'est ce qui ne se laisse indiquer que d'une manière très générale. Si on s'en tient à quelques cas, il semble souvent qu'elle se propose uniquement notre bien temporaire, notre bien du moment. Cela cependant, étant données l'insignifiance, l'imperfection, la futilité et le peu de durée de ce bien, ne peut être sérieusement son but dernier. Nous avons donc à chercher ce but dans notre existence éternelle, cette existence qui dépasse la vie individuelle. Et on ne peut dire que d'une manière tout à fait générale que, par cette direction, le cours de notre vie est réglé de telle sorte que la connaissance dans son ensemble que nous en retirons suscite dans notre volonté, considérée comme le noyau et l'essence même de l'homme, l'impression la plus utile au point de vue métaphysique. Car, quoique la volonté de vivre trouve sa réponse dans le cours même du monde en général, considéré comme la manifestation de cet effort de la volonté, chaque homme est cependant cette volonté de vivre dans des conditions tout à fait individuelles et particulières, ou plutôt c'est un acte individualisé de cette volonté, et la réponse suffisante ne peut aussi être qu'un certain développement du monde non un autre, se réalisant par les faits qu'il faut. Comme maintenant les résultats de ma philosophie, qui est une philosophie sérieuse (qui ne ressemble en rien à la philosophie des professeurs, une philosophie de farceurs), comme les résultats de ma philosophie nous ont appris à reconnaître que le dernier but de l'existence terrestre est de détourner la volonté de vouloir vivre, il nous faut admettre que chacun est conduit peu à peu à ce but de la manière qui convient à son individualité, donc même souvent par de lointains détours. Comme ensuite le bonheur et la jouissance travaillent proprement contre ce but, nous voyons en conséquence que le cours de la vie de tout homme a immanquablement sa part de malheur et de souffrance, une part plus ou moins grande suivant les individus, et seulement en des cas bien rares dépassant toute mesure, comme dans les fins tragiques, où il semble que la volonté doive être jusqu'à un certain point violemment poussée au dégoût de la vie, et comme si l'opération césarienne lui était nécessaire pour cette seconde naissance.

C'est ainsi que nous sommes conduits, par cette direction invisible et qui ne se fait connaître que de la manière la plus douteuse, jusqu'à la mort; la mort, ce résultat propre de la vie et, dans cette même mesure, son but. A l'heure de la mort se pressent autour de nous, et entrent en jeu toutes les puissances mystérieuses, quoique proprement ayant leurs racines en nous-mêmes, qui décident du destin éternel de l'homme. Leur conflit a pour résultat d'indiquer la voie que doit suivre l'individu à l'avenir, de préparer sa nouvelle naissance, — et à cela concourt tout le bien et le mal qu'il y a en lui et par quoi son sort se trouve irrévocablement décidé. — C'est là ce qui explique le caractère hautement sérieux, grave, solennel et redoutable de l'heure de la mort. La mort est une crise, — au sens le plus fort du mot — un jugement dernier.

III

Essai sur l'apparition des esprits et ce qui s'y rattache.

Les spectres, dans le siècle supercritique qui vient de s'écouler, en dépit de tout, moins complètement bannis que dédaignés, ont été, comme déjà précédemment la magie dans ces 25 dernières années, l'objet d'une réhabilitation en Allemagne. Et ce n'est peut-être pas à tort. Les preuves qu'on donnait contre leur existence étaient, en effet, en partie des preuves métaphysiques, comme telles donc reposant sur des bases peu sûres, en partie des preuves empiriques; mais des preuves empiriques démontrant seulement que, dans les cas où n'apparaissait aucune fraude accidentelle, aucune fraude consciente, il n'y a rien eu qui aurait pu agir par le moyen des rayons lumineux sur la rétine, ou par le moyen de la vibration de l'air sur le tympan. Mais cela ne prouve que contre la présence de corps dont personne même n'aurait affirmé l'existence, et dont la connaissance, par la voie dite physique, anéantirait la réalité de l'apparition des esprits.

Car il est dans l'essence de l'esprit que sa présence ne nous soit révélée que d'une toute autre manière que celle d'un corps. Ce qu'affirmerait un voyant, se comprenant lui-même et sachant s'exprimer, c'est simplement la présence dans son intellect visuel (anschauend) d'une image ne se distinguant pas du tout de l'image provoquée, là même, par les corps agissant par l'intermédiaire de la lumière et de ses rayons; et cela cependant sans la présence réelle de tels corps; et de même manière pour ce qui est des sensations auditives, des bruits, des sons de voix, c'est comme si les vibrations des corps ou de l'air affectaient nos oreilles, sans qu'il y ait cependant aucun corps en mouvement. Et c'est justement là la source de la méprise qu'on constate dans tout ce qui se dit pour ou contre la réalité des apparitions d'esprits. L'apparition d'esprit se présente, en effet, tout à fait comme une apparition corporelle, et cependant elle n'en est pas une et ne doit pas l'être. C'est là une distinction difficile, qui exige une connaissance réelle, un savoir philosophique et physiologique. Il s'agit en effet de comprendre qu'une action comme analogue à celle d'un corps ne suppose pas nécessairement la présence d'un corps.

Il faut, avant tout, nous rappeler ici et avoir présent à l'esprit, dans tout ce qui va suivre, ce que j'ai démontré plusieurs fois tout au long (en particulier dans la 2ᵉ édit. de mon *Mémoire sur le principe de raison suffisante*, § 21, et en outre sur la vision et les couleurs, §1 — *Theoria Colorum*, II. — *Welt als W. und V.*, t. I, p. 12-14 (3ᵉ édit., p. 13-14, t. II, chap. 2) — que notre vision du monde extérieur n'est pas simplement *sensuelle*, mais qu'elle est surtout *intellectuelle*, c'est-à-dire (pour parler objectivement) *cérébrale*. Les *Sens* ne donnent jamais qu'une simple *sensation* dans leur organe, donc une matière très pauvre en soi, avec laquelle la raison, avant tout par l'emploi de la loi, dont elle a conscience *a priori*, de la causalité, et des formes, également *a priori* et innées en elles, de l'espace et du temps, édifie ce monde des corps. A l'état de veille et à l'état normal, le point de départ de cet acte d'intuition c'est du reste l'impression sensible, cette impression qui est l'action dont la raison assigne la cause. Mais pourquoi ne se pourrait-il pas que, exceptionnellement, une excitation, ayant un point de départ tout autre, venant donc de l'intérieur, de l'organisme lui-même, vînt au cerveau pour être, par ce dernier, par le moyen de sa fonction propre et conformément à son mécanisme, élaborée tout comme la première? Mais cette élaboration terminée, on ne connaîtrait plus la diversité de la matière primitive. Tout comme dans le chyle on ne reconnaît pas l'aliment dont il provient.

Dans tout cas réel de cette sorte, la question se poserait alors de savoir si la cause plus éloignée du phénomène provoqué par cela ne serait jamais à chercher plus loin que dans l'intérieur de l'organisme; ou si cette cause, n'étant pas une impression sensible, ne pourrait cependant pas être une cause *extérieure* qui n'aurait pas agi, il est vrai, dans ce cas physiquement ou corporellement. Et alors, quel pourrait être le rapport du phénomène donné à la nature de cette cause extérieure lointaine? Et encore la question de savoir si ce phénomène contient des révélations (indicia) sur cette cause, ou même en exprime l'essence. Nous serions donc ici aussi, comme en ce qui concerne le monde corporel, ramenés à la question du rapport du phénomène à la chose en soi. Mais ceci est le point de vue transcendant, par lequel on aboutirait peut-être à ce résultat, que l'apparition des esprits n'est ni plus ni moins idéale que l'apparition des corps, laquelle, comme on sait, relève immanquablement de l'*idéalisme* et par suite ne peut que par un lointain détour être ramenée à la chose en soi, c'est-à-dire à une véritable réalité. Comme maintenant nous avons reconnu pour cette chose en soi la volonté, nous avons lieu de conjecturer, que c'est cette même volonté que l'on trouve à la base des apparitions d'esprits comme à celles des apparitions corporelles. Toutes les explications qu'on a données jusqu'ici des apparitions d'esprit ont été des explications *spiritualistes* : justement comme telles, elles tombent sous le coup de la critique de Kant, dans la première partie de ses « Rêves d'un voyant. » Je tente ici une explication idéaliste.

Ces remarques générales faites en guise d'introduction aux recherches suivantes et anticipant sur le sujet, je reprends la voie qui lui convient le mieux et qui est une voie plus lente. Que je remarque seulement que

7.

je suppose connu du lecteur l'état de fait auquel se rapportent ces recherches. D'une part, en effet, ma tâche n'est pas de raconter, de faire une exposition des faits ; d'autre part, il me faudrait écrire un gros livre si je voulais reprendre toutes les histoires magnétiques de malades, de visions de rêve, d'apparitions d'esprits, etc., qui sont la matière et la base de notre thème et que l'on trouve rassemblées dans un grand nombre de volumes. Finalement aussi je ne me sens aucun goût de combattre le scepticisme de l'ignorance, dont les manières trop avisées perdent chaque jour plus de crédit et qui bientôt n'auront plus cours qu'en Angleterre. Celui, qui, aujourd'hui, met en doute les faits du magnétisme animal et sa clairvoyance n'est pas un incroyant, mais de son vrai nom, un ignorant. Il faut plus encore ; il me faut supposer la connaissance tout au moins de quelques-uns des livres existant en grand nombre, relatifs aux apparitions d'esprits, ou une toute autre connaissance de ces faits. Quant aux citations qui ont ces livres pour objet, je ne les mentionne que quand il s'agit de faits spéciaux et de points contestés. Du reste je suppose chez mon lecteur, — que je m'imagine me connaissant déjà par ailleurs, — la confiance que, lorsque j'admets que réellement quelque chose existe, je connais cela de bonne source ou par ma propre expérience.

La question se pose donc d'abord de savoir si, — réellement dans notre intellect intuitif ou cerveau, — des images visibles, tout à fait et indistinctement égales à celles que provoque dans le même cerveau la présence des corps agissant sur les sens extérieurs, — si des images visibles de cette sorte peuvent naître en dehors de cette influence. Heureusement il y a un phénomène bien connu de nous qui supprime tout doute, c'est le rêve.

Vouloir faire du rêve un simple jeu de pensées, un simple produit de l'imagination, témoigne d'un manque de sens ou de sincérité : puisque manifestement c'est une chose spécifiquement distincte. Les produits de l'imagination sont faibles, ternes, inconsistants, tout particuliers (einseitig) et si fugitifs qu'on peut retenir l'image d'un absent présenté à l'esprit à peine quelques secondes ; et, en vérité, le cours de l'imagination la plus vive n'a rien de comparable avec cette réalité immédiate en présence de laquelle nous met le rêve. Notre capacité de représentation dans le rêve dépasse notre force de représentation imaginatrice de toute la distance du ciel à la terre. Dans le rêve, l'objet perçu a une vérité, une perfection, une complexité cohérente qui en reproduit jusqu'aux propriétés les plus accidentelles, tout comme la réalité même dont l'imagination reste infiniment éloignée. La réalité, par suite, nous offrirait les plus merveilleux spectacles, s'il nous était donné de choisir l'objet de nos rêves. Il est tout à fait faux de vouloir expliquer cela par ce fait que les produits de l'imagination seraient troublés et affaiblis par l'impression simultanée du monde extérieur réel ; vu que dans le plus profond silence de la nuit la plus noire, l'imagination ne peut rien produire qui se rapproche un peu de l'apparence objective et corporelle du rêve. En outre, les produits de l'imagination sont toujours dominés par la loi de l'association des idées, ou par des motifs et sont accompagnés de la conscience qu'ils sont quelque chose de volontaire. Le rêve au contraire est comme quelque chose de tout à fait étranger, comme quelque chose qui, comme le monde extérieur, s'impose à nous sans notre concours, et même contre notre volonté. Ce qu'il y a en lui de tout à fait inattendu, même dans les manifestations les plus insignifiantes, lui imprime le sceau de l'objectivité et de la réalité.

Tous les objets du rêve paraissent clairs et déterminés comme la réalité elle-même, non seulement par rapport à nous, donc d'une façon superficielle et restreinte, ou seulement en gros et dans leurs traits essentiels; mais dans leurs détails précis jusqu'aux particularités les plus insignifiantes et les plus accidentelles et aux circonstances accessoires perturbatrices ou contraires : là tout corps a son ombre, tout corps tombe avec une lourdeur correspondante à son poids spécifique, tout obstacle doit être surmonté comme dans la réalité. Le caractère tout à fait objectif du rêve se montre ensuite en ce que les événements qui s'y déroulent la plupart du temps se produisent contre notre attente, souvent contre nos désirs, provoquant parfois notre étonnement; en ce que les personnes agissantes se comportent vis-à-vis de nous avec un sans-gêne révoltant. Ce caractère se montre d'une manière générale dans l'objectivité, dans l'exactitude dramatique des caractères et des actions qui a donné lieu à l'aimable remarque que tout homme, quand il rêve, est un Shakespeare. Or, la même plénitude de science qui est en nous, qui fait qu'en rêve tout corps naturel agit exactement d'une manière conforme à ses qualités essentielles; cette plénitude de science fait aussi que tout homme agit et parle d'une manière tout à fait conforme à son caractère. Par suite de tout cela l'erreur que le rêve engendre est si forte que la réalité même, que nous avons devant nous à l'état de veille, doit tout d'abord lutter et a besoin d'un certain temps pour pouvoir se faire entendre, et nous convaincre de la fausseté du rêve qui n'est plus là, mais qui a simplement été. Même en ce qui concerne le souvenir, nous sommes parfois dans le doute, à propos d'événements insignifiants, si nous les avons rêvés ou s'ils se sont effectivement produits. Si, au contraire, quelqu'un s'avise de poser la question, si un événement s'est produit ou s'il est simplement imaginé, alors il s'expose au soupçon de folie. Tout ceci démontre que le rêve est une fonction tout à fait propre de notre cerveau et diffère totalement de la simple faculté imaginative et de son pouvoir de rumination. Aristote dit lui-même : τὸ ενυπνιον εστιν αισθημα, τροπον τινα (sommium quodammodo sensum est) : de somno et vigilià C. 2. Même il fait la belle et juste remarque que, dans le rêve même c'est encore par l'imagination que nous nous représentons les choses absentes. La conséquence de cela, c'est que pendant le rêve l'imagination est encore disponible, donc qu'elle n'est pas elle-même le *medium* ou l'organe du rêve.

D'autre part en retour, le rêve a une ressemblance indéniable avec la folie. Ce qui notamment distingue essentiellement la conscience dans l'état de rêve de la conscience à l'état de veille, c'est l'absence de souvenirs, ou plutôt l'absence de réminiscence cohérente et réfléchie. Nous nous rêvons dans des situations et des rapports étonnants, et même impossibles, sans qu'il nous arrive de nous demander quelles relations peuvent exister entre ces conditions et les absents, ou quelles peuvent être les causes qui les ont amenées. Nous accomplissons des actes saugrenus parce que nous n'avons pas le sentiment des choses qui leur font obstacle. Dans nos rêves, des personnes mortes depuis longtemps, figurent comme vivantes, toujours parce qu'en rêve nous ne réfléchissons pas qu'elles sont mortes. Souvent nous nous revoyons dans les conditions qui étaient celles de notre jeunesse, entourés des personnes d'alors; nous revoyons tout dans l'ancien état. Tous les changements survenus depuis, toutes les transformations sont oubliées. Il semble donc réellement qu'en rêve, alors que toutes les forces de l'esprit sont agissantes, la mémoire seule ne soit pas tout à fait disponible. C'est ce qui fait la ressemblance du rêve avec la folie, laquelle, comme je l'ai démontré (*Welt als W. und V.*, t. I, § 36 et t. II, chap. XXXII) se ramène essentiellement à une désorganisation de la puissance du souvenir. De ce point de vue le rêve se laisse par suite désigner comme une folie passagère, la folie comme un long rêve. En somme on a, dans le rêve, la vision parfaite et même minutieuse de la réalité présente ; et au contraire le champ de vision se trouve là borné à une sphère très limitée, dans la mesure où ce qui est absent et ce qui est passé, même ce qui est imaginé, ne vient que peu à la conscience. De même que tout changement dans le monde réel ne peut se produire qu'en conséquence d'un autre qui le précède, c'est-à-dire de sa cause : de même l'apparition dans notre conscience de toute pensée et de toute représentation est soumise d'une manière générale au principe de raison suffisante. Toute pensée et toute représentation doit donc toujours être provoquée soit par une impression extérieure sur nos sens, ou bien encore, d'après les lois de l'association (voir là-dessus le chap. XIV du second tome de mon principal ouvrage) par une pensée antérieure, sans quoi elle ne pourrait pas se produire. Ce principe de raison, qui n'est autre que le principe absolu de la dépendance et de la conditionnabilité de tout ce qui existe pour nous, doit aussi régir d'une certaine façon les rêves, la façon dont ils se produisent ; mais de quelle façon ce principe les régit, c'est ce qu'il est très difficile de dire. Car la caractéristique du rêve est la condition, qui lui est essentielle, du sommeil, c'est-à-dire la cessation de l'activité normale du cerveau et des sens. Ce n'est que quand cette activité vaque que se produit le rêve : précisément tout comme les images de la lanterne magique n'apparaissent que lorsqu'on a fait l'obscurité dans la chambre. D'après cela la naissance du rêve, donc sa matière, n'est pas amenée par les impressions de l'extérieur sur les sens : quelques cas où, dans un léger assoupissement, les voix extérieures, de simples bruits pénètrent encore dans le *sensorium* et exercent leur influence sur le rêve, ces cas, dis-je, sont des exceptions spéciales dont je fais abstraction ici. Maintenant il est très digne de remarque que les rêves ne sont pas amenés par l'association des idées. Ils naissent soit au milieu d'un profond sommeil, ce repos propre du cerveau que nous avons toute raison d'admettre pour un repos complet, donc sans conscience aucune : par suite se trouve exclue toute possibilité d'association d'idées ; soit au moment où la conscience passe de l'état de veille à l'état de sommeil, au début du sommeil : là ils ne font proprement jamais complètement défaut, et ils nous donnent l'occasion de nous convaincre pleinement, qu'ils ne sont rattachés par aucune association d'idées à nos représentations à l'état de veille, qu'ils en laissent intacte la trame pour emprunter la matière dont ils sont faits et leur cause d'ailleurs, nous ne savons d'où. Les premières images de rêve de l'individu qui s'endort sont — et cela se laisse facilement observer — toujours sans lien aucun avec les pensées sous l'empire desquelles il s'est endormi ; que dis-je ? elles sont si étonnamment différentes qu'il semble qu'entre toutes les choses du monde elles sont allées volontairement choisir ce à quoi nous n'avons pas du tout pensé ! Par suite pour celui qui réfléchit à cela la question se pose : qu'est-ce qui peut donc ainsi déterminer le choix et la nature de ces images ? Elles présentent en outre, (comme le remarque justement et finement

Burdach dans le t. III de sa Physiologie, ceci de distinctif qu'elles n'ont rien de cohérent, et que même la plupart du temps nous n'intervenons pas nous-mêmes comme acteurs, comme dans les autres rêves. Elles forment un spectacle purement objectif consistant en images isolées, qui surgissent soudain au moment où nous nous endormons, ou encore ce sont des événements tout simples. Comme nous nous réveillons souvent aussitôt là-dessus, nous pouvons tout à fait nous convaincre qu'ils n'ont jamais la moindre ressemblance, pas la plus lointaine analogie ou le moindre rapport avec les pensées qui nous étaient à l'instant même auparavant présentes à l'esprit. Ils nous surprennent plutôt par le caractère inattendu de leur contenu qui est aussi étranger à notre cours de pensée antérieure qu'aucun objet du monde réel qui, à l'état de veille, peut de la manière la plus accidentelle faire soudainement irruption dans notre perception ; qui souvent est tiré de si loin, est si étonnamment et si aveuglément choisi qu'on dirait le jeu du sort ou un coup de dé ! — Le fil donc, que le principe de causalité nous met dans la main, nous paraît ici coupé aux deux bouts, à l'intérieur et à l'extérieur. Seulement ceci n'est pas possible ni concevable. Nécessairement il faut qu'il y ait une cause qui provoque ces formes du rêve et les détermine toutes distinctement, une cause qui devrait expliquer exactement pourquoi, par exemple, à moi, que jusqu'au moment où je me suis endormi ont préoccupé de tout autres pensées, soudainement s'offre un arbre en fleur, mollement balancé par le vent, et rien d'autre; une autre fois au contraire une jeune fille avec une corbeille sur la tête, une autre fois encore une file de soldats, etc.

Comme maintenant donc, quand naît le rêve, que ce soit au moment de s'endormir ou en plein sommeil, le cerveau, ce siège et cet organe unique de toutes les représentations, est sans excitation du dehors par les sens, comme sans excitation du dedans par le cours des pensées, il ne nous reste plus qu'à admettre qu'il n'y a là qu'une simple excitation physiologique qui vient de l'intérieur de l'organisme. Pour cette influence de l'organisme deux voies donnent accès au cerveau : la voie des nerfs et celle des vaisseaux sanguins. La force vitale s'est pendant le sommeil, c'est-à-dire pendant la suspension de toutes les fonctions de relation, totalement rejetée sur la vie organique, et elle est occupée, avec un léger ralentissement du souffle, du pouls, de la chaleur, de presque même toutes les autres secrétions ; elle s'occupe principalement de la reproduction lente, de la réfection des parties consumées, de la guérison des parties lésées, de la réparation des désordres survenus. Le sommeil est par suite le moment où la *vis naturæ medicatrix*, dans toutes les maladies, provoque les crises salutaires, où elle remporte la victoire décisive sur le mal existant, où le malade par suite, plein du sentiment de la guérison prochaine, éprouve du soulagement et se réveille joyeux. Mais chez les bien portants aussi cette même *vis naturæ medicatrix* agit de la même façon, seulement en proportion incomparablement moindre, sur tous les points où cela est nécessaire. Par suite l'homme bien portant, lui aussi, a, quand il se réveille, le sentiment d'être renouvelé et restauré : tout particulièrement le cerveau a dans le sommeil reçu sa nutrition qui ne s'accomplit pas à l'état de veille. Et la conséquence en est une conscience devenue beaucoup plus claire. Toutes ces opérations s'accomplissent sous la conduite et le contrôle du système nerveux plastique, donc de tous les grands ganglions ou des centres nerveux qui, dans toute la longueur du tronc, reliés les uns aux autres par des filets conducteurs, constituent les nerfs du grand sympathique ou le foyer nerveux intérieur. Mais ce foyer nerveux intérieur est tout à fait séparé du foyer des nerfs extérieurs, je veux dire le cerveau, auquel incombe exclusivement la direction des rapports extérieurs et qui, à cause de cela, a un appareil nerveux dirigé vers l'extérieur et des représentations dont cet appareil est cause. A l'état normal les opérations de ce foyer nerveux intérieur n'arrivent pas jusqu'à la conscience, ne sont pas senties. Parfois cependant ce système nerveux intérieur se trouve faiblement et indirectement relié au système cérébral par quelques minces et longs filets nerveux jouant tant bien que mal le rôle de nerfs anastomotiques. Par le moyen de ces mêmes nerfs, dans les états anormaux, ou quand il y a lésion des parties internes, l'isolement du cerveau, dont nous avons parlé, se trouve jusqu'à un certain point suspendu; et ces états viennent alors plus ou moins clairement comme souffrance à la conscience. Dans l'état normal et de santé, au contraire, il n'arrive par là au sensorium, de tous les procès et mouvements qui s'accomplissent dans les officines si compliquées et si actives de la vie organique ; de tous les événements insignifiants ou sérieux de cette vie, il n'arrive, dis-je, au sensorium qu'un écho extrêmement faible, comme un écho perdu. Cet écho, dans l'état de veille, quand le cerveau est pleinement occupé à ses opérations propres, occupé donc à recevoir les impressions extérieures, à voir ce qu'elles lui apportent, et à penser, cet écho alors n'est pas perçu ; il a tout au plus une influence secrète et inconsciente, dont naissent ces changements d'humeur dont on ne peut rendre compte par aucune cause objective. Au moment de s'endormir cependant, lorsque les impressions extérieures cessent d'agir, et que l'excitabilité de la pensée, à l'intérieur du *sensoriun*, disparait complètement peu à peu, ces impressions faibles qui, par une voie indirecte, s'échappent du foyer intérieur de la vie organique, et également les moindres changements s'accomplissant dans le cours de la circulation du sang, et qui se communiquent aux vaisseaux sanguins du cerveau, — tout cela devient sensible, — comme la lumière commence à paraître quand vient le crépuscule du soir, ou comme la nuit nous entendons le murmure des sources qui passe pour nous inaperçu le jour. Les impressions qui sont trop faibles pour pouvoir agir sur le cerveau à l'état de veille, sur le cerveau en pleine activité, peuvent, quand cette activité cesse, amener une légère excitation de chacune de ses parties et de ses facultés représentatives; tout comme une harpe ne vibre pas aux bruits étrangers quand on en joue, mais bien quand elle est pendue silencieuse. C'est donc ici qu'il faut placer la cause de la naissance et par suite aussi le principe constant de détermination des rêves qui se forment au commencement du sommeil, et non moins aussi la cause et le facteur déterminant de ces rêves qui naissent dans le repos absolu de l'esprit en plein sommeil et qui sont de véritables drames; sauf que pour ces derniers, il faut, comme ils ne se produisent que quand le cerveau est déjà plongé dans un profond repos et tout entier occupé à sa nutrition, il faut une excitation beaucoup plus forte venue de l'intérieur. Par suite encore ce sont seulement ces rêves qui dans des cas particuliers très rares ont une signification prophétique ou fatidique; et Horace dit avec raison :

« Post mediam noctem, cum somnia vera. »
Les derniers rêves du matin, en effet, sont sous ce rapport comme les rêves au commencement du sommeil; en ce moment le cer-

veau reposé et rassasié redevient facilement excitable.

Ce sont donc ces faibles retentissements du travail des officines de la vie organique, qui se fraient une voie dans l'activité sensorielle du cerveau tombant à l'insensibilité ou s'y trouvant en plein, et qui l'excitent faiblement et d'autre part d'une manière inaccoutumée et par une autre voie qu'à l'état de veille. C'est de ces retentissements de la vie organique que l'activité sensorielle du cerveau — puisque la voie est fermée à toute autre excitation — doit tirer l'occasion et la matière de ses rêves, quelque hétérogènes que puissent être ces causes pour de telles impressions. De même donc que l'œil, par un simple choc mécanique ou par une convulsion intérieure du nerf, peut recevoir des sensations de clarté et de lumière tout à fait de même nature que celles qui peuvent être occasionnées par la lumière extérieure; tout comme parfois l'oreille, par suite de changements anormaux qui l'ont affectée intérieurement, entend des bruits de toutes sortes; tout comme également le nerf olfactif, sans cause extérieure, perçoit des odeurs spécifiquement distinctes; tout comme les nerfs du goût peuvent être affectés de même; tout comme donc tous les nerfs sensitifs peuvent être excités et recevoir les impressions qui leur sont propres aussi bien du dedans que du dehors : de la même manière le cerveau, lui aussi, peut être déterminé, par les excitations qui lui viennent de l'intérieur de l'organisme, à accomplir sa fonction qui est de voir des formes étendues. En quoi donc les apparitions se produisant ainsi ne seront pas à distinguer de celles qui auront pour cause les impressions reçues par les organes des sens et qui auront été provoquées par des causes extérieures. Comme l'estomac, de tout ce qu'il peut s'assimiler, fait du chyme et les intestins de ce chyme du chyle où l'on ne distingue plus la matière primitive ; de même ainsi réagit le cerveau sur toutes les excitations, qui lui viennent, conformément à sa fonction propre.

Cette fonction consiste tout d'abord à projeter des images dans l'espace, l'espace à trois dimensions étant la forme d'intuition propre au cerveau ; elle consiste ensuite à faire mouvoir ces images dans le temps et suivant le fil de la causalité, le temps et la causalité étant également les fonctions de l'activité qui lui est propre. Le cerveau, à toute époque, ne doit donc parler que sa propre langue ; il traduira, par suite, aussi dans cette langue ces impressions faibles qui lui arrivent de l'intérieur pendant son sommeil, tout comme s'il s'agissait des impressions fortes et bien distinctes qui lui viennent, à l'état de veille, du dehors par la voie régulière. Les premières de ces impressions aussi lui fournissent donc la matière d'images tout à fait semblables à celles qui naissent en lui par l'excitation des sens extérieurs : quoiqu'il puisse y avoir difficilement une ressemblance quelconque entre les deux sortes d'impressions qui donnent lieu à ces images. Mais l'attitude du cerveau se laisse comparer ici à celle d'un sourd qui de quelques voyelles qui lui arrivent à l'oreille se construit une phrase entière — combien différente de la vraie; ou bien encore à celle d'un fou qu'un mot dit au hasard ramène aux sauvages imaginations correspondantes à son idée fixe. En tout cas ce sont ces faibles échos de certains faits accomplis dans l'intérieur de l'organisme qui, allant se perdre dans le cerveau, donnent lieu à ses rêves. Les rêves sont par suite aussi déterminés dans leur forme spéciale par la nature de ces impressions, puisque ce sont ces dernières qui donnent au rêve comme son thème fondamental. Oui, ces rêves, quelque divers qu'ils puissent être de ces impressions, présenteront cependant certaines analogies avec elles, leur correspondront tout au moins symboliquement et surtout correspondront le plus exactement à celles qui peuvent exciter le cerveau au plus fort du sommeil ; vu que de telles impressions doivent déjà, nous l'avons dit, être beaucoup plus fortes que les autres. Comme maintenant, ensuite, ces procès intérieurs de la vie organique agissent sur le sensorium, commis à la compréhension du monde extérieur, également à la façon de quelque chose qui lui est étranger et extérieur : les visions qui naissent en lui de cette manière seront des formes tout à fait *inattendues*, tout à fait différentes du cours de pensées existant chez lui l'instant d'auparavant peut-être et étrangères : comme nous avons lieu de l'observer quand nous nous endormons et que nous nous réveillons soudain.

Toute cette analyse, visiblement, ne nous apprend à connaître rien de plus que ceci : quelle est la cause la plus immédiate de la naissance du rêve ou son occasion : lesquelles cause et occasion influent à la vérité aussi sur le contenu du rêve et cependant doivent être en elles-mêmes très différentes de ce dernier, de telle sorte que la nature de leur étroit rapport, de leur parenté reste un mystère. Encore plus énigmatique est le procès physiologique, qui s'accomplit dans le cerveau, en quoi proprement consiste le rêve. Le sommeil est, comme on le sait, le repos du cerveau ; le rêve en est cependant une certaine activité : mais nous devons alors, pour ne pas nous contredire, comprendre que ce repos du cerveau est un repos simplement relatif et cette activité une activité limitée et simplement partielle. Dans quel sens maintenant cette activité est cela, si c'est par certaines parties du cerveau, par le degré de son excitation, par la nature de son mouvement intérieur, et par quoi proprement cette activité du rêve se distingue de l'état de veille — c'est ce que nous ne savons encore pas. — Il n'y a pas une faculté de l'esprit qui n'entre en action dans le rêve : cependant par le cours même du rêve et par notre propre attitude en ce moment, il apparaît que dans le rêve souvent la faculté du jugement et également de la mémoire, comme nous l'avons déjà vu, font extraordinairement défaut.

En ce qui concerne notre objet principal, il reste le fait que nous avons un pouvoir de nous représenter intuitivement les objets étendus et de percevoir et de saisir les bruits et les voix de toutes sortes; et ces deux choses sans l'excitation extérieure de ces impressions sensibles (Sinnesempfindungen) qui au contraire, livrent à notre intuition, à l'état de veille, l'occasion, la matière ou la base empirique nécessaire à son activité, sans cependant être le moins du monde identique avec elle : vu que cette intuition est tout à fait *intellectuelle* et pas seulement sensuelle, comme je l'ai déjà souvent démontré, en citant les principaux passages relatifs à cela. Mais maintenant ce fait indiscutable, il faut nous y fermement tenir : c'est le phénomène primaire auquel se ramènent toutes nos explications ultérieures, qui ne feront que montrer, s'étendant plus loin encore, l'activité du susdit pouvoir. La dénomination la plus convenable de ce pouvoir serait celle que les Ecossais ont très judicieusement choisie pour désigner une sorte particulière de sa manifestation ou de son emploi, guidés en cela par le tact exquis que donne l'expérience la plus sûre; c'est la dénomination de *second sight*, de *seconde vue*. La capacité, dont il s'agit ici, de rêver est, en fait, un second pouvoir de vision qui ne se réalise pas, il est vrai, comme le premier, par le moyen des sens; un pouvoir de vision dont les objets cependant, par leur nature et leur forme, sont les mêmes que celles du premier. D'où il faut conclure que ce pouvoir, tout comme le premier, est une fonction du cerveau. Cette dénomination écossaise serait par là la plus convenable pour désigner l'espèce tout entière des phénomènes relatifs à cela et pour les ramener à un pouvoir fondamental. Comme cependant ceux qui ont créé l'expression s'en sont servi pour désigner une manifestation particulière, rare et remarquable au plus haut point, de cette faculté, je ne dois pas l'employer, quelque envie que j'en ai, pour désigner l'espèce tout entière de ces visions ou plus exactement le pouvoir subjectif qui se manifeste en elles toutes. Pour désigner ce pouvoir il ne me reste, par suite, pas de désignation plus convenable que celle *d'organe du rêve :* une désignation qui, seule entre toutes, désigne tout entier ce mode de vision dont il s'agit par ce qui en est une manifestation connue de tous et courante. Je me servirai donc de cette expression pour désigner le pouvoir de vision dont nous venons de parler, qui s'exerce indépendamment de toute impression du dehors sur les sens.

Les objets, que ce pouvoir de vision nous met sous les yeux dans le rêve ordinaire, nous sommes habitués à les considérer comme tout à fait illusoires, parce qu'ils s'évanouissent à notre réveil. Il n'en est cependant pas toutes les fois ainsi ; et il est très important pour notre sujet d'apprendre à connaître par notre propre expérience les exceptions à cette règle : ce que chacun pourrait faire peut-être à la condition de consacrer à la chose l'attention qu'il faut. Il y a notamment un état dans lequel nous dormons et nous rêvons ; mais ce que nous rêvons c'est justement la réalité qui nous entoure ; nous voyons alors notre chambre à coucher, avec tout ce qu'elle contient, nous voyons par exemple entrer les personnes ; nous avons concience que nous sommes au lit : tout cela très exactement. Et cependant nous dormons, même les yeux tout à fait fermés. Nous rêvons : seulement ce que nous rêvons est vrai et réel. C'est comme si notre cerveau était devenu transparent et que le monde extérieur désormais, au lieu de faire le détour et de passer par l'étroite porte des sens, vint tout droit et immédiatement au cerveau. Cet état est beaucoup plus difficile à distinguer de l'état de veille que le rêve ordinaire ; parce que, avec le réveil, on ne constate aucune transformation des alentours, aucun *changement objectif*. Maintenant (V. *Le*

Monde comme Volonté : dieWelt a. W. und V.Bd I,§5, p. 19 [3ᵉ édit., p. 19 et suiv.), le réveil est le seul critère entre l'état de veille et le sommeil, un critère qui, ici, on le voit, fait défaut quant à son côté objectif et essentiel. En effet quand nous nous éveillons, sortant d'un rêve de la nature de celui dont il s'agit ici, nous avons simplement à faire à un *changement subjectif* qui consiste en ceci que nous ressentons soudainement un changement dans notre organe de perception. Ce changement est cependant à peine sensible et peut facilement passer inaperçu parce qu'il n'est accompagné d'aucun changement objectif. A cause de cela, ces rêves reproduisant la réalité, la plupart du temps, ne nous seront connus que s'il s'y mêle des formes qui n'appartiennent pas à cette réalité, et qui par suite s'évanouissent au réveil; ou même si un rêve semblable a reçu une confirmation, un accroissement de réalité plus haut encore, dont je parlerai bientôt. L'espèce de rêve, que je viens de décrire, c'est ce qu'on a appelé *veiller en dormant* (Schlafwachen); non point peut-être que ce soit un état intermédiaire entre le sommeil et la veille, mais que cet état peut être désigné comme le fait de devenir éveillé dans le sommeil même. J'aimerai mieux, par suite, l'appeler un *rêve vrai*. A la vérité on constatera que ce rêve ne se produit la plupart du temps que le matin de bonne heure et aussi le soir, quelque temps après qu'on s'est endormi : la raison en est simplement que ce n'est que quand le sommeil n'était pas profond que le réveil pouvait assez facilement se produire pour laisser subsister le souvenir de ce qu'on a rêvé. Il est certain que ce rêve se produit beaucoup plus souvent au plus fort du sommeil, suivant la règle que le somnambule est d'autant plus clairvoyant que le sommeil est plus profond : mais alors il ne subsiste aucun souvenir de cela. Que, au contraire, un souvenir de cette sorte trouve parfois place quand le rêve se produit dans un sommeil léger, cela n'explique pas ce fait que même dans le sommeil magnétique, exceptionnellement, un souvenir des choses vues peut arriver à la conscience à l'état de veille, si le sommeil était tout à fait léger. On trouvera un exemple de cela dans l' « Archiv für thier. Magn. » de Kieser Bd III, 2ᵉ partie, p. 139. D'après cela, le souvenir de ces rêves d'une vérité objective immédiate ne subsiste donc que s'ils se produisent quand le sommeil est léger, par exemple le matin, quand le réveil se fait immédiatement après.

Maintenant, en outre, cette sorte de rêve, dont le propre consiste en ceci que l'on rêve la réalité présente la plus immédiate, se montre parfois à nous d'une nature plus énigmatique encore par ce fait que le champ de vision du rêveur s'étend bien plus, de manière à dépasser les limites de la chambre à coucher : — les rideaux des fenêtres ou les contrevents cessent d'être des empêchements à la vue et on perçoit alors nettement ce qu'il y a derrière, la cour, le jardin, la rue avec les maisons en face. Notre étonnement de cela sera moins grand si nous considérons qu'ici ce n'est pas de la vue physique qu'il est question, mais d'un simple rêve : mais c'est un rêve de ce qui est là, de ce qui est réel, un rêve vrai ; donc une perception qui a lieu par l'organe du rêve, qui, comme tel, n'est naturellement pas lié à la condition du cours ininterrompu des rayons de lumière. La partie supérieure du crâne était, elle-même, comme nous l'avons dit, le premier mur de séparation existant, par lequel cette espèce particulière de perception restait empêchée. Que cette dernière croisse un peu plus d'intensité : et alors aussi les rideaux, les portes et les murs ne sont plus un obstacle. Comment maintenant cela est-il possible ? c'est un profond mystère. Nous savons ceci :

qu'ici le rêve est un rêve vrai ; qu'il y a perception par l'organe du rêve ; et rien de plus. Et cette perception est, pour nous, un fait élémentaire. Ce que nous pouvons faire pour l'expliquer, — dans la limite où une explication est possible — c'est tout d'abord de rassembler et d'ordonner en série et d'une manière convenable tous les phénomènes se rapportant à ce mode de perception dans le but de reconnaître les rapports existants entre eux et dans l'espoir d'arriver peut-être par là un jour à une vue plus exacte de la chose.

En attendant, celui-là même auquel l'expérience propre fait défaut se voit contraint de croire à la perception par l'organe du rêve, que nous venons de décrire, par le somnambulisme spontané, le somnambulisme propre, les promenades nocturnes. Que les personnes affectées de cette maladie dorment fortement et qu'elles ne puissent du reste rien voir avec leurs propres yeux, cela est tout a fait certain. Cependant elles perçoivent tout dans leur entourage le plus immédiat. Ils évitent tous les obstacles, ils vont par les voies larges, ils vont par les abîmes les plus redoutables, font des sauts formidables sans manquer leur but : quelques-uns d'entre eux même règlent, pendant leur sommeil, leurs affaires quotidiennes, leurs affaires domestiques, d'une manière très exacte et très correcte; d'autres composent et écrivent sans faire la moindre erreur. Les personnes plongées artificiellement dans le sommeil magnétique perçoivent de la même manière ce qui forme leur entourage et même les objets les plus éloignés. Il faut sans doute faire entrer encore dans la même catégorie de faits la perception qu'ont de tout ce qui se passe autour d'eux certains morts apparents, qui gisent là, immobiles pendant tout le temps et incapables de remuer un membre : eux aussi rêvent leur entourage présent, apportent jusqu'à leur conscience la connaissance de cet entourage, par une autre voie que celle des sens. On s'est donné beaucoup de peine pour découvrir l'organe physiologique ou le siège de cette perception : on n'y est cependant pas encore arrivé jusqu'ici. Que si l'état somnambulique est complet, les sens extérieurs aient tout à fait abdiqué leurs fonctions : cela est incontestable : alors, même le plus subjectif de tous les sens, le sentiment qu'on a de son corps, est si complètement évanoui, qu'on a fait, pendant le sommeil magnétique, les opérations chirurgicales les plus douloureuses, sans que le patient ait trahi avoir le moins du monde conscience de cela. Le cerveau paraît, à ce moment, être dans l'état de sommeil le plus profond, dans un état de complète inactivité. Ceci, avec certaines expressions et déclarations des somnambules, a donné lieu à l'hypothèse que l'état somnambulique consiste dans une impuissance passagère complète du cerveau et l'accumulation de toute la force vitale dans les nerfs sympathiques, dont les plus grands complexus, notamment le *plexus solaris*, seraient tranformés en un *sensorium*, et donc, se substituant au cerveau, en prendraient les fonctions, qu'ils rempliraient sans l'aide d'aucun organe extérieur des sens et cependant d'une manière incomparablement plus parfaite que le cerveau lui-même. Cette hypothèse émise, si je ne me trompe, la première fois par Reil, n'est pas sans vraisemblance, et se trouve, depuis ce temps, en grand honneur. Ses principaux points d'appui, ce sont les déclarations de presque tous les somnambules clairvoyants, que, dans le sommeil somnambulique, le siège de la conscience, est, chez eux, le creux de l'estomac (Herzgrube), où se déroulent la pensée et la sensation, comme cela a lieu autrement dans la tête. La plupart d'entre eux se font même appliquer sur la région de l'estomac les objets qu'ils veulent

voir exactement. Je tiens cependant la chose
pour impossible. Qu'on considère seulement
le *plexus solaris,* ce prétendu *cerebrum
abdominale :* combien petite est sa masse,
combien au plus degré simple sa structure
composée d'anneaux de substance nerveuse,
avec quelques légers renflements ! Si un tel
organe était capable de remplir les fonctions de voir et de penser, ce serait le ren-
versement de la loi dont on trouve la confirmation partout : *natura nihil facit frustra.*
Pourquoi autrement alors la masse, pesant le
plus souvent trois livres et dans quelques
cas cinq, la masse si précieuse et si bien
protégée du cerveau, avec la structure
si extraordinairement artificielle de ses parties, dont la complication est telle qu'il est
besoin de plusieurs modes d'analyse tout à
fait divers et de s'y reprendre mainte et
mainte fois, pour seulement comprendre un
peu la construction cohérente de cet organe,
et pouvoir se faire une idée passablement
claire de la merveilleuse forme et du merveilleux enchaînement de ses parties ! En second
lieu il faut considérer que les pas et les
mouvements d'un promeneur nocturne s'a-
daptent avec la promptitude la plus grande et
l'exactitude la plus parfaite aux alentours les

plus immédiats perçus seulement par l'organe du rêve; et qu'il est tenu compte de la manière la plus rapide et, comme ne pourrait le faire aucun homme éveillé, des obstacles qui s'offrent pour atteindre ainsi le but plus habilement poursuivi. Mais maintenant les nerfs moteurs sortent de la moelle épinière qui, par la *medulla oblongata*, est reliée au cervelet, le régulateur des mouvements; lequel à son tour l'est au cerveau proprement dit, le lieu des motifs qui sont les représentations : par quoi il est alors possible que les mouvements s'adaptent avec une promptitude instantanée aux perceptions les plus fugitives.

Mais si les représentations, qui doivent déterminer les mouvements à titre de motifs, sont transportées dans le plexus ganglionnaire intestinal, qui ne peut avoir qu'indirectement de rares, difficiles et indirectes communications avec le cerveau (c'est pour cela qu'à l'état de santé nous ne savons rien de l'activité et de l'œuvre si considérable et si incessante de notre vie organique); comment les représentations qui auraient là leur siège pourraient-elles, et cela avec la rapidité de l'éclair, servir à guider les pas du promeneur nocturne si exposé[1]? — Enfin sur ce point

---

1. Il est digne de remarque, en ce qui touche l'hypo-

que tout au moins les rêves sont une fonction du cerveau, le fait suivant, rapporté par *Treviranus* (*Ueber die Erscheinungen des organischen Lebens*, Bd. 2, abtheil. 2, p. 117), d'après Pierquin, nous donne une certitude de fait. « Chez une jeune fille dont les os du crâne avaient été tellement détruits en partie que le cerveau était tout à fait à nu, on voyait ce dernier se soulever à l'état de veille et s'affaisser au moment de s'endormir. Quand elle reposait doucement la dépression était la plus forte. Quand elle rêvait beaucoup le cerveau devenait turgescent. » Mais entre le somnambulisme et le rêve il n'y a visiblement qu'une différence de degré : les perceptions du somnambulisme se produisent également par l'organe du rêve ; c'est, comme on l'a dit, un rêve immédiatement vrai[1].

thèse en question, que la version des Septante appelle toujours les voyants et les prophètes εγγαστριμυθους, et particulièrement la sorcière d'Endor ; — qu'elle le fasse au reste en suivant le texte original ou pour se conformer aux idées et aux expressions dominantes dans les milieux alexandrins. Visiblement la sorcière d'Endor, est une *Clairvoyante* et c'est ce que signifie le mot εγγαστριμυθος. Saül ne voit pas lui-même Samuel et ne lui parle pas directement, mais par l'intermédiaire de la femme. Elle décrit à Saül comment Samuel lui apparait (comp. Deleuze, de la prévision, p. 147, 48).

1. Que dans le rêve nous nous efforcions souvent en vain de crier, ou de mouvoir les membres, la raison doit en être que le rêve, chose de pure idée, est uniquement

On pourrait cependant modifier l'hypothèse que nous examinons ici en ce sens qu'on admettrait que le *plexus* ganglionnaire intestinal ne serait pas lui-même le *sensorium*, mais jouerait seulement le rôle des organes extérieurs, donc des *organes des sens* réduits ici en tout cas à la complète impuissance, conséquemment recevrait les impressions du dehors qu'il livrerait au cerveau; lequel, travaillant ces impressions conformément à sa fonction, en tirerait et construirait les formes du monde extérieur, tout comme autrement elle les tire et construit avec les sensations des organes des sens. Seulement encore ici se représente la difficulté de ce transport, rapide comme l'éclair, des impressions au cerveau, le cerveau si complètement isolé de ce centre nerveux intérieur. Ensuite le *plexus solaris* par sa structure est aussi impropre à faire un organe de la vue et de l'ouïe qu'un organe de la pensée; et outre cela encore il est, par un mur

une activité du cerveau, qui ne s'étend pas au cervelet. Ce dernier, conséquemment, continue à rester dans la rigidité du sommeil, complètement inactif, et ne peut remplir sa fonction qui est d'agir comme régulateur des mouvements des membres sur la *Medulla*. C'est pour cela que les ordres les plus pressants du cerveau restent inexécutés; de là notre angoisse. Le cerveau vient-il à bout de cet isolement, et vient-il à maîtriser le cervelet, on a alors le somnambulisme, épais de peau, de graisse, de muscles, de péritoine et de viscères, tout à fait soustrait aux impressions de la lumière. Quand donc la plupart des somnambules (de même van Helmont dans les passages cités par plusieurs de l'*Ortus medicinæ*), (Lugd. bat. 1667, demens idea, § 12, p. 171) disent que leur pouvoir de vision et de pensée se transporte dans la région du ventre, nous ne devons pas admettre cela comme quelque chose d'objectivement certain : d'autant moins qu'il y a des somnambules qui le nient formellement : par exemple la bien connue Auguste Müller de Karslsruhe déclare (dans la relation qui a été faite sur elle, p. 53 et suivantes) que ce n'est pas avec le creux de l'estomac qu'elle voit, mais avec les yeux. Elle dit cependant que la plupart des autres somnambules y voyaient avec le creux de l'estomac. Et à la question : « La faculté de penser peut-elle passer au creux de l'estomac? » elle répond : « Non, mais bien la faculté de voir et d'entendre. » A cela correspond la déclaration d'une autre somnambule, dans l'*Archiv de Kieser*, t. X, partie 2, p. 154, qui à la question : « Penses-tu avec ton cerveau tout entier ou seulement avec une partie de ton cerveau? » répond : « Je pense avec le cerveau tout entier et je suis très fatiguée. » Le résultat vrai de toutes les déclarations des somnambules paraît être que l'excitation et la matière pour l'activité intuitive du cerveau ne vient pas, comme dans l'état de veille, du dehors et par les sens, mais comme nous l'avons expliqué ci-dessus pour le rêve, vient de l'intérieur de l'organisme, dont l'activité est sous le contrôle et la direction des grands plexus des nerfs sympathiques, lesquels, par suite, relativement à l'activité nerveuse, représentent tout l'organisme, à l'exception du système cérébral, et en tiennent la place. Ces déclarations des somnambules sont à comparer avec le fait que nous prétendons ressentir dans le pied la douleur que cependant nous ressentons en réalité dans le cerveau, que par suite cette douleur cesse dès que l'afflux de la force au cerveau est interrompue. C'est donc une erreur quand les somnambules s'imaginent voir avec la région de l'estomac, ou même lire, ou, dans les cas rares, quand ils prétendent remplir cette fonction avec les doigts, les doigts de pieds ou la pointe du nez (par ex. le jeune Arst dans l'*Archiv de Kieser*, t. III, 2ᵉ partie, puis la somnambule Koch, *ibid.*, t. X, 3ᵉ partie, p. 8-21, et aussi la jeune fille, dont il s'agit dans la « Geschichte zweier somnambulen » de Just. Kerner, 1824.

p. 323-30, qui ajoute que « le lieu de cette vision est le cerveau, comme dans l'état de veille »). Même à supposer, en effet, la sensibilité nerveuse de ces parties encore plus développée, on ne saurait parler de vision, au sens propre du mot, de vision par le moyen des rayons de lumière dans des organes manquant de tout appareil optique, en admettant même que ces organes ne soient pas recouverts d'enveloppes épaisses et soient accessibles à la lumière. Ce n'est pas seulement, en effet, la grande sensibilité de la rétine, qui la rend capable de voir, mais c'est aussi l'appareil si artificiel et si compliqué de la prunelle de l'œil. La vision physique exige donc tout d'abord une surface sensible à la lumière, mais elle exige aussi que sur cette surface les rayons de lumière divergent au dehors, par le moyen de la pupille et des appareils réfringents à travers lesquels passe la lumière, et infiniment compliqués, se réunissent et se concentrent, de manière qu'une image, — ou mieux une impression nerveuse correspondant exactement à l'objet externe — naisse, par laquelle seule, semble-t-il, sont livrées à la raison les données subtiles dont elle tire ensuite par un procès intellectuel, qui comporte l'emploi de la loi de causalité, la vision dans l'espace et le temps. Au contraire, le creux de l'estomac et la pointe des doigts, même si la peau et les muscles, etc., étaient transparents, ne pourraient toujours recevoir que des réflexes de lumière isolés l'un de l'autre. Par suite il serait aussi impossible de voir avec eux qu'à un daguerréotype de faire des *obscura* dans une chambre ouverte et sans verre de concentration. Une autre preuve que ces prétendues fonctions des sens sont des paradoxes et qu'il n'y a pas là proprement de fonctions des sens, et qu'on ne voit pas par l'action physique des rayons de lumière, c'est la circonstance que le susdit garçon de Kieser lisait avec les doigts de pieds même quand il avait d'épais bas de laine, et qu'il ne voyait avec la pointe des doigts que s'il le voulait expressément, du reste, dans la chambre avec les mains devant et en tâtonnant. Le fait nous est confirmé par ses propres déclarations relatives à ses perceptions anormales : (v. un autre passage, p. 128). « Il n'appelait jamais cela voir, mais à la question qu'on lui posait comment il sait ce qu'il se passe là, il répondait qu'il *sait* justement même ce qu'il y a de nouveau. » « C'est de la même façon que dans l'*Archiv de Kieser*, t. VII, p. 1, p. 52, une somnambule décrit sa perception comme une vue qui n'est pas une vue, une vue immédiate. » Dans l'histoire de la clairvoyante Auguste Müller, Stuttgard, 1818, il est rapporté à la page 36 « qu'elle voit très nettement et reconnaît toutes les personnes et les objets dans l'obscurité la plus profonde, là où il nous serait impossible de distinguer notre main devant nos yeux. » C'est ce que nous prouve encore, en ce qui concerne l'ouïe des somnambules, une déclaration de Kieser (*Tellurismus*, t. II, p. 172, 1re édit.) que les rubans de laine, sont particulièrement bons conducteurs du son, — tandis que la laine, comme on le sait, est de toutes choses celle qui conduit le plus mal le son. Mais particulièrement instructif est sur ce point le passage suivant du livre dont nous venons de parler sur Auguste Müller : « Il est digne de remarque — chose au reste qu'on observe chez d'autres somnambules — qu'elle n'entend rien de tout ce qui se dit entre les personnes qui se trouvent dans la chambre, même tout à fait à côté d'elle, si les paroles qui se disent ne lui sont pas directement adressées. Tout mot, au contraire, adressé à elle, même proféré encore plus bas, plusieurs personnes parlassent-elles en même temps, sur les sujets les plus divers, est immédiatement entendu d'elle et reçoit sa réponse. Il en est de même en ce qui concerne la lecture. Si la personne qui lit devant elle pense à quelque autre chose qu'à sa lecture, elle n'entend rien de ce qu'on lit; p. 40. » — On trouve encore p. 89 : « Elle n'entend pas comme on entend d'ordinaire par l'oreille, vu qu'on peut obstruer cette oreille sans que cela l'empêche d'entendre. » — De la même manière on trouve répété dans les « Mitteilungen aus dem Schlafleben der somnambule Auguste K. an Dresden, » 1843, qu'elle entendait parfois tout à fait uniquement par la surface de la main, et en vérité ce qui était exprimé sans voix par le seul mouvement des lèvres, p. 32; elle avertit elle-même qu'on ne doit pas voir là un fait d'audition au sens littéral du mot.

Il ne faut donc pas voir, chez les somnambules de toute sorte, des perceptions sensibles au sens propre du mot; mais leur perception consiste à rêver directement le vrai, et se produit donc par l'organe énigmatique du rêve. Que les objets à percevoir soient placés sur le front de la somnambule ou sur le creux de l'estomac, ou que, dans quelques cas mentionnés, elle dirige sur ces objets, la pointe de ses doigts écartés, c'est simplement un moyen pour elle de diriger l'organe du rêve sur ces objets, en le mettant en contact avec eux, pour qu'ils deviennent le thème de son rêve vrai. Cela n'a lieu que pour diriger nettement l'attention de l'organe, ou, en langage technique, pour mettre cette attention en rapport plus étroit avec ces objets. Sur quoi alors la somnambule rêve ces objets; et non seulement elle les voit, mais elle les entend, elle leur parle, même elle les sent : beaucoup de clairvoyants disent, en effet, que *tous leurs sens* sont transportés au creux de l'estomac (Dupotet, *Traité complet du magnétisme*, p. 449-452). C'est une chose tout à fait analogue à l'usage des mains pour magnétiser : les mains n'agissent pas proprement au physique ; ce qui agit c'est la volonté du magnétiseur : mais l'emploi des mains sert justement au magnétiseur à diriger sa volonté d'une manière décisive. Pour bien comprendre, en effet, toute l'action du magnétiseur, cette action s'exerçant par toutes sortes de gestes, avec ou sans contact, même de loin et à travers les murs de séparation, il faut forcément en venir à cette vue de ma philosophie, que le corps est identique à la volonté, qu'il n'est rien d'autre que l'image de la volonté, qui se forme dans le cerveau. Que la vision du somnambule ne soit pas une vision au sens où nous l'entendons, une vision physiquement déterminée par la lumière, cela résulte déjà de ce fait que cette vision, quand elle s'élève à la clairvoyance, n'est pas empêchée par les murs, parfois même s'étend aux terres lointaines. Une explication particulière de cette même vision, c'est cette vue intérieure, qui se rencontre quand la clairvoyance est poussée à un haut degré ; par laquelle les somnambules de cette espèce perçoivent clairement et nettement toutes les parties de leur propre organisme, bien qu'ici, tant par suite d'absence complète de lumière qu'à cause des nombreux murs de séparation existant entre les parties perçues et le cerveau, toutes les conditions fassent absolument défaut pour la vision physique. Nous pouvons de là conjecturer en quelle sorte toute perception somnambulique, donc aussi la perception dirigée au dehors et au loin, et d'une manière générale toute vision, existe par l'organe du rêve ; donc toute vision somnambulique d'objets extérieurs, tout rêve, toutes visions à l'état de veille ; la seconde vue, l'apparition corporelle des absents et notamment des mourants, etc.... La vision, dont nous venons de parler des parties intérieures de notre propre corps, ne se produit visiblement que par une action du dedans, vraisemblablement par le moyen du système ganglionnaire, sur le cerveau ; lequel, fidèle à sa nature, élabore ces impressions intérieures comme celles qui lui viennent du dehors, versant, pour ainsi dire, comme une matière étrangère dans les formes ordinaires qui lui sont propres. Et de là sortent justement, comme le font celles provenant des impressions sur les sens extérieurs, ces intuitions qui correspondent aussi, dans la même mesure, dans le même sens que les premières, aux choses vues. Toute vision par l'organe du rêve, est, d'après cela, le résultat de l'activité du cerveau fonctionnant comme organe de vision, de l'activité du cerveau excitée par des impressions *intérieures* au lieu de l'être, comme autrefois, par des impressions extérieures[1]. Que cette activité, même s'exerçant sur des choses *extérieures* et même sur des choses *éloignées*, puisse cependant avoir une certaine réalité objective et comporter d'être *vraie*, c'est un fait, dont l'explication ne peut être trouvée que par la voie de la métaphysique, à la condition

[1]. Si l'on en croit la description des médecins, la *catalepsie* paraît être la paralysie complète des nerfs *moteurs*, le *somnambulisme* au contraire la paralysie complète des nerfs *sensibles*; pour lesquels ensuite agit en remplacement l'organe du rêve.

de limiter à la sphère du phénomène, considéré comme s'opposant à la chose en soi, le fait de l'individuation et de la séparation des êtres. Nous reviendrons là-dessus plus tard. Mais que, d'une manière générale, la somnambule soit rattachée au monde extérieur d'une manière fondamentalement autre que nous ne le sommes à l'état de veille ; ce qui le démontre de la manière la plus claire, c'est la circonstance qui se produit, souvent au plus haut degré, que, tandis que les propres sens de la clairvoyante sont inaccessibles à toute impression, elle sent avec les sens du magnétiseur, par exemple elle éternue quand son magnétiseur prise, elle goûte, elle détermine exactement ce qu'il mange ; et la musique qui résonne aux oreilles de ce dernier, dans une chambre éloignée d'elle, elle l'entend comme lui (*Kieser's Archiv.*, t. I, pp. I, p. 117).

Le processus physiologique, dans la perception somnambulique, est une énigme difficile, pour la solution de laquelle le premier pas à faire serait une physiologie effective du rêve, c'est-à-dire une connaissance claire et certaine de l'activité particulière du cerveau dans le rêve, de ce qui distingue particulièrement cette activité de l'activité à l'état de veille ; — finalement il faudrait connaître d'où vient l'excitation de cette activité, donc la connaissance précise de tout son cours. En ce qui concerne le domaine entier de l'activité intuitive et pensante du cerveau dans le sommeil, nous ne pouvons aujourd'hui affirmer en toute sécurité que ceci : d'abord l'organe matériel de cette activité, malgré le repos relatif du cerveau, ne peut être que ce cerveau lui-même ; et en second lieu, l'excitation de cette vision de rêve (Traum-Anschauung), ne pouvant venir du dehors par les sens, doit venir de l'intérieur de l'organisme. Pour ce qui est du rapport exact, précis de cette vision de rêve au monde extérieur, qu'on ne saurait méconnaître dans le somnambulisme, ce rapport reste pour nous une énigme dont je n'entreprends pas la solution : je me contenterai de donner plus loin quelques indications là-dessus. Je me suis, au contraire, forgé, comme base de cette physiologie du rêve dont j'ai parlé, donc pour expliquer toute notre vision de rêve, l'hypothèse suivante qui a, à mes yeux, une grande vraisemblance.

Comme le cerveau, pendant le sommeil, est incité, comme nous l'avons dit, du dedans, au lieu de l'être, comme à l'état de veille, du dehors, à voir les formes étendues ; cette action agit sur lui nécessairement dans une direction opposée à la direction ordinaire, celle qui vient des sens. En conséquence de quoi toute l'activité cérébrale, dont la vibration interne, l'ondulation des fibres du cerveau se fait dans une direction opposée à la direction ordinaire, aboutit pour ainsi dire à un mouvement antipéristaltique. Tandis que d'ordinaire elle se produit dans la direction des impressions des sens, donc des nerfs sensitifs à l'intérieur du cerveau, elle s'accomplit alors dans la direction et le sens opposés et par suite parfois par le moyen d'autres parties, en sorte qu'alors ce n'est pas la surface inférieure du cerveau, au lieu de la surface supérieure, qui doit fonctionner, mais peut-être la substance blanche au lieu de la substance corticale grise et *vice versa*. Le cerveau travaille alors comme à rebours. Par là on s'explique d'abord pourquoi aucun souvenir de l'activité somnambulique ne subsiste à l'état de veille, puisque cet état de veille est justement produit par la vibration des fibres du cerveau dans un sens tout opposé et que cette direction a pour conséquence de supprimer toute trace de ce qui a été antérieurement. On pourrait citer, en passant, comme une confirmation spéciale de cette conjecture, le fait très ordinaire, quoique rare, que, si nous nous réveillons subitement de notre premier sommeil, nous éprouvons souvent une désorientation totale de telle sorte que tout se présente à nous dans un ordre renversé. Ce qui est à droite du lit est à gauche, ce qui est derrière nous paraît devant, et cela tellement que même la réflexion justifiée, que c'est cependant là l'ordre renversé, ne peut pas venir à bout de cette fausse imagination, et qu'il nous faut, pour cela, le secours du toucher. Mais tout particulièrement notre hypothèse fait bien comprendre cette vitalité remarquable de la vision de rêve, cette réalité, que nous avons dite, si manifeste, cette corporalité de tous les objets perçus dans le rêve. Et la raison en est principalement ce fait que l'excitation de l'activité cérébrale venant de l'intérieur de l'organisme et partant du centre, suivant une direction opposée à la direction ordinaire, finit par se frayer une voie, donc par gagner jusqu'aux nerfs des organes sensitifs, lesquels, sous l'influence de l'incitation intérieure, comme d'ordinaire sous celle de l'excitation extérieure, tombent dans un état d'activité réelle. D'après cela nous éprouvons donc, dans le rêve, des sensations réelles de lumière, de couleur, d'odeur, de goût, mais sans l'action des causes extérieures qui les provoquent d'ordinaire, simplement par l'effet d'une incitation intérieure, par suite d'une action qui se produit en sens inverse et dans un ordre renversé des temps. Par là s'explique cette corporalité des rêves, par laquelle ils se distinguent si puissamment des simples imaginations. Le produit de l'imagination (à l'état de veille) est toujours simplement dans le cerveau : ce n'est, en effet, que la réminiscence, mettons modifiée, d'une excitation ancienne, matérielle, occasionnée par les sens, de l'activité cérébrale intuitive. La vue de rêve, au contraire, n'est pas simplement dans le cerveau, mais même dans les nerfs sensitifs, et elle est sortie d'une excitation matérielle des nerfs sensitifs bien réelle, venant de l'intérieur et gagnant le cerveau. Parce que donc il est bien réel que nous voyons dans le rêve, Apulée a eu bien et profondément raison de faire dire à Charite, laquelle est au moment d'arracher les deux yeux à Thrasylle plongé dans le sommeil : *Vivo tibi morientur oculi ; nec quidquam videbis nisi dormiens* (Metam. VIII, p. 172, éd. Bib.). L'organe du rêve est donc le même que l'organe de la conscience à l'état de veille et de la vision du monde extérieur seulement pris pour ainsi dire par l'autre bout et utilisé dans un ordre renversé. Les nerfs sensitifs qui fonctionnent dans l'un et l'autre cas peuvent être mis en activité aussi bien dans leur extrémité intérieure que par leur extrémité extérieure, — peut-être comme une boule de fer creuse peut être portée à l'incandescence aussi bien de l'intérieur que de l'extérieur. Comme dans ce cas les nerfs sensitifs sont la dernière chose qui entre en activité, il peut se faire que cette activité commence juste et soit encore en cours quand le cerveau déjà est à l'état de veille : c'est-à-dire la vision de rêve se confond avec la vision ordinaire. Alors nous percevrons, tout juste éveillés, peut-être des bruits comme des voix, des coups frappés à la porte, des coups de fusils, etc., avec une clarté et une objectivité, qui ne laissent rien à désirer de la réalité même ; et nous croyons fermement que ce sont des bruits réels du dehors qui nous auraient tirés de notre sommeil ; ou bien même, ce qui est plus rare, nous verrons des formes se présentant à nous tout à fait dans les conditions de la réalité empirique, comme le mentionne déjà Aristote, *De insomniis*, c. 3, *ad finem*. — Mais c'est par l'organe du rêve, que nous venons de décrire, comme nous l'avons suffisamment expliqué, que se produisent la vue somnambulique, la clairvoyance, et les visions de toutes sortes.

De ces considérations physiologiques je reviens maintenant au phénomène, que j'ai exposé ci-dessus, du rêve vrai, qui peut déjà se produire dans le sommeil ordinaire, le sommeil nocturne, où il reçoit sa confirmation du simple réveil, notamment si c'est, comme la plupart du temps, un rêve immédiat c'est-à-dire s'étendant seulement aux alentours les plus près. Dans des cas, déjà plus rares il est vrai, il dépasse un peu ces limites notamment de manière à franchir le mur de séparation le plus immédiat. Mais cet agrandissement du cercle de vision peut même aller beaucoup plus loin, non seulement dans l'espace mais aussi dans le temps. La preuve nous en est fournie par les somnambules clairvoyants qui, au moment où leur état particulier se trouve porté au plus haut point, peuvent porter aussitôt dans leur champ de vision et de perception de rêve n'importe quel lieu, sur lequel on les dirige, et indiquer exactement ce qui s'y passe ; parfois même peuvent faire connaître d'avance ce qui n'existe pas encore mais qui gît caché dans le secret de l'avenir et ne viendra à réalisation que dans le cours du temps et grâce à des causes intermédiaires sans nombre, concourant ensemble par le fait du hasard. Toute clairvoyance, en effet, aussi bien dans le sommeil provoqué artificiellement que dans le sommeil somnambulique naturel, toute perception, devenue alors possible, de ce qui est caché, de ce qui est absent, de ce qui est lointain, et même de l'avenir, n'est rien d'autre qu'un rêve vrai de cela, dont les objets se présentent à notre intellect visibles et corporels, comme nos rêves; et, pour cela, les somnambules parlent de la *vision* de ces choses. Nous avons cependant dans ces phénomènes, comme dans les faits de somnambulisme nocturne spontané, une preuve sûre que cette vision mystérieuse, que n'occasionne aucune impression du dehors et que nous devons au rêve, peut se trouver vis-à-vis du monde extérieur dans un rapport qui est celui de la *perception*, quoique cela reste une énigme pour nous de savoir comment se fait cet accord du rêve avec la réalité. Ce qui distingue le rêve ordinaire, nocturne, de la clairvoyance, de l'état de veille en plein sommeil, c'est tout d'abord l'absence de tout rapport avec le monde extérieur, donc avec la réalité ; et en second lieu ce fait que très souvent un souvenir de cet état persiste à l'état de veille, tandis qu'il n'est rien de tel dans le sommeil somnambulique. Mais ces deux particularités peuvent être entre elles dans un étroit rapport et se ramener l'une à l'autre. Notamment, le rêve ordinaire, lui aussi, ne laisse de souvenir qu'alors seulement que nous nous réveillons aussitôt ; et ce souvenir a alors vraisemblablement pour cause ce fait seul que, quand il s'agit du sommeil naturel, nous nous éveillons très facilement, parce que ce sommeil n'est pas de beaucoup aussi profond que le sommeil somnambulique, dont nous ne pouvons pas sortir justement pour cela immédiatement, donc, promptement : le retour à la conscience et à l'état de veille ne nous est permis dans ce dernier cas que par une lente transition et graduellement. Le sommeil somnambulique n'est qu'un sommeil incomparablement plus profond, plus dominateur, plus complet ; dans lequel, justement pour cela, l'organe du rêve arrive à déployer sa capacité tout entière, par laquelle il lui devient alors possible d'entrer exactement en communication avec le monde extérieur, de faire des rêves vrais, suivis et cohérents. Vraisemblablement cela peut se produire aussi parfois dans le sommeil ordinaire mais à coup sûr seulement si ce sommeil est si profond que nous ne puissions pas en sortir immédiatement. Cependant même les rêves, qui nous révèlent ce qui se passe au loin ou même l'avenir, il se peut exceptionnellement que nous en gardions le souvenir; et ce souvenir dépend alors surtout du fait que nous nous éveillons soudain. C'est pour cela qu'à toutes les époques et dans tous les peuples, on a admis qu'il y a des rêves qui ont une valeur réelle, objective; et que les rêves ont été pris très au sérieux dans toute l'histoire ancienne de manière à y jouer un rôle important; cependant les rêves fatidiques n'ont toujours été considérés que comme de rares exceptions entre la foule sans nombre des rêves vains et mensongers. C'est pour cela qu'Homère parle déjà des deux portes par lesquelles se glissent les rêves dans le monde (Od. XIX. 560) : l'une la porte d'ivoire, par laquelle nous viennent les rêves sans conséquence; l'autre, la porte de corne par laquelle passent les rêves fatidiques. Un anatomiste pourrait peut-être tenter de rapporter cela à la distinction de la substance blanche et de la substance grise du cerveau.

Le plus souvent les rêves qui se trouvent prophétiques, sont ceux qui se rapportent à l'état de santé du patient, et ils annonceront la plupart du temps des maladies, même des attaques mortelles (Fabius a rassemblé des exemples de cela dans son livre *de Somniis*, Amstelod., 1836, p.195 et suiv.). Et c'est là une chose tout à fait analogue à ce fait que même les somnambules clairvoyants prédisent le plus souvent et de la manière la plus certaine le cours de leurs propres maladies, y compris les crises, etc.... Ce sont encore, outre cela, les accidents extérieurs, comme les incendies, les explosions de poudre, les naufrages, mais particulièrement les cas de mort, que nous annoncent parfois les rêves. Ce sont enfin d'autres événements encore, parfois assez insignifiants, qui sont rêvés par certaines personnes dans leurs derniers détails; et de ceci je me suis convaincu moi-même par une expérience irrécusable. Je veux communiquer cette expérience, parce qu'elle met en même temps en pleine lumière la *rigoureuse nécessité de ce qui arrive*, même de ce qui est le plus accidentel. Un matin, j'écrivais avec grande attention une longue et très importante lettre d'affaire en anglais : arrivé à la fin de la troisième page, je pris, au lieu du sablier, l'encrier, et je le versai sur la lettre. L'encre coula de mon bureau sur le plancher. La servante, venue à mon coup de sonnette, prit un seau d'eau et se mit à laver le plancher pour enlever les taches. Tout en faisant cela elle me dit : « J'ai rêvé cette nuit que j'enlèverai ici en frottant des taches d'encre sur le plancher. » « Ce n'est pas vrai, » lui dis-je. « C'est vrai, reprit-elle ; et j'ai raconté cela à mon réveil à l'autre servante qui couche avec moi. » — Alors vient par hasard cette autre servante, âgée de dix-sept ans peut-être, pour appeler celle qui lavait le plancher. Je m'avance vers elle et je lui demande : « Qu'a-t-elle rêvé cette nuit? » — Réponse : « Je ne sais pas. » — Moi de nouveau : « Cependant elle te l'a raconté à son réveil. » — La jeune fille alors : « Ah! oui : elle avait rêvé qu'elle enlèverait ici une tache d'encre sur le plancher. » — Cette histoire, qui, j'en garantis l'authenticité parfaite, met hors de doute la réalité des rêves théorématiques, n'est pas moins remarquable par ce fait que ce qu'on rêvait ainsi d'avance était l'effet d'un acte qu'on peut qualifier d'involontaire, puisqu'il se produisit tout à fait contre ma volonté, résultat d'une très insignifiante méprise de ma main. Et cependant cet acte était tellement nécessaire et si inévitablement déterminé d'avance que son effet, plusieurs heures d'avance, existait à l'état de rêve dans la conscience d'un autre. C'est ici qu'apparaît de la manière la plus claire la vérité de ma proposition : tout ce qui arrive arrive nécessairement (*Die beiden Grundprobleme der Ethik*, p. 62; 2ᵉ édit., p. 60). — Nous avons, pour ramener les rêves prophétiques à leur cause la plus immédiate, à considérer la circonstance qu'aucun souvenir ne subsiste, comme on le sait, à l'état de veille, du somnambulisme aussi bien naturel que magnétique, tandis que parfois un souvenir nous reste des rêves du sommeil naturel ordinaire, à notre réveil. Le rêve est donc l'anneau, le pont qui relie la conscience à l'état somnambulique à la conscience à l'état de veille. En conséquence de cela, il nous faut donc attribuer les rêves prophétiques, d'abord à ce fait que c'est dans le sommeil profond que le rêve s'élève à l'état de clairvoyance somnambulique. Mais comme ordinairement, dans les rêves de cette sorte, il ne se produit pas de réveil soudain et qu'on ne conserve par suite aucun souvenir de ces rêves; les rêves, qui font exception à cela et qui donc représentent l'avenir *immédiatement* et *sensu proprio* et qu'on nomme les rêves *théorématiques*, ces rêves, dis-je, sont les plus rares de tous. Au contraire, il arrive plus souvent que le patient, ayant par hasard tout à fait à cœur le contenu d'un rêve, sera en état de garder le souvenir d'un rêve de cette sorte par la raison qu'il emprunte ce souvenir au rêve du sommeil léger, dont il s'éveille immédiatement : mais cela ne peut pas se faire directement, mais seulement à la condition de transposer le contenu de ce rêve en une allégorie, sous le couvert de laquelle maintenant le rêve originaire, prophétique arrive à la conscience à l'état de veille, où il a conséquemment alors besoin d'explication, d'interprétation. Le rêve *allégorique* forme donc une autre sorte de rêves fatidiques plus nombreuse. Ces deux sortes de rêves ont déjà été distingués par Artémidore dans son Oneirokritikon le plus ancien des livres relatifs aux rêves; et le même auteur a donné à la première espèce le nom de rêves *théorématiques*. C'est dans la possibilité, toujours existante, des faits dont nous venons de parler, et dont nous avons conscience, qu'il faut chercher la raison du penchant, qui n'est pas du tout accidentel ou artificiel, mais naturel à l'homme, de faire des conjectures sur la signification des rêves, qui lui viennent : c'est de là que naît, quand on fait cela avec discipline et méthode, l'Oneiromantique. Seulement pour l'Oneiromantique, il faut encore cette condition que les diverses particularités du rêve aient une signification constante, la même toujours, qui permette de faire un Lexicon. Mais tel n'est pas le cas : c'est d'une manière tout à fait propre et particulière que l'allégorie s'adapte selon les cas à chaque objet et sujet du rêve théorématique qui sert de base au rêve allégorique. L'explication des rêves fatidiques allégoriques est par suite, pour la plupart, si difficile que la plupart du temps nous ne les comprenons que lorsque la prophétie s'est réalisée, et nous sommes forcés de nous étonner de la malice d'esprit diabolique qui a présidé à la conception et à toute la conduite de l'allégorie. Mais que ces rêves soient restés à ce point dans notre mémoire, il faut imputer cela à ce fait qu'ils ont laissé une empreinte plus profonde que les autres ayant quelque chose de plus visible, de plus corporel que ces derniers. Du reste l'usage, l'expérience seront nécessaires pour l'art aussi d'expliquer les songes. Mais ce n'est pas du livre bien connu de Schubert, où il n'y a de bon que le titre, mais du vieil Arté-

midore qu'on peut apprendre la véritable
« Symbolique du rêve », surtout des deux
derniers livres de son ouvrage où il nous fait
comprendre, par des centaines d'exemples,
la manière et la façon, la méthode et le tour
dont notre Toute Science de Rêve se sert
pour, quand c'est possible, venir quelque peu
au secours de notre ignorance de l'état de
veille. Il y a beaucoup plus à apprendre avec
ses exemples que par les théorèmes et les
règles dont il les fait précéder. — Que Shakespeare ait tout à fait connu le fond de la
chose, il nous le montre dans son *Henri IV*,
partie II, acte III, scène II, où, à l'annonce
inattendue de la mort soudaine du duc de
Gloster, ce coquin de cardinal Beaufort, qui
sait au mieux ce qu'il en est, s'écrie : « Mystérieux tribunal de Dieu! J'ai rêvé cette nuit
que le duc était muet et ne pouvait dire un
mot[1]. »

C'est ici maintenant qu'il nous faut intercaler l'importante remarque que nous trouvons, dans les sentences des anciens oracles
grecs, le rapport dont nous venons de parler
entre le rêve fatidique théorématique et le

[1]. Goethe raconte les rêves allégoriques vrais du Schultheiss Textor dans « Aus meinem Leben. » Partie I, livre I, p. 75 et suiv....

rêve fatidique allégorique qui le reproduit. Ces oracles justement, comme il est naturel de rêves fatidiques, rendent très rarement leurs sentences directement et *sensu proprio*, mais ils les déguisent sous une allégorie qui a besoin d'explication, qui même souvent n'est comprise pour la première fois que lorsque l'oracle a reçu son accomplissement, justement à la façon des rêves allégoriques. Entre beaucoup d'exemples je citerai seulement, pour faire connaître la chose, ce passage d'Hérodote par exemple : III. 57. La Pythie avait mis en garde les Siphniens contre l'armée en bois et le héraut rouge : par quoi il fallait entendre un vaisseau de Samos portant un envoyé et peint en rouge : ce que les Siphniens cependant ne comprirent ni aussitôt, ni lorsque le navire arriva, mais pour la première fois plus tard. Au livre IV, chap. CLXIII, Hérodote nous raconte encore que l'oracle de la Pythie avertit le roi Arcésilaos de Cyrène que, s'il trouve le four plein d'amphores, il se garde bien de les brûler, mais qu'il les congédie. Mais pour la première fois, lorsqu'il eût fait brûler les rebelles qui s'étaient réfugiés dans une tour, et la tour avec, il comprit le sens de l'oracle et il devint anxieux. Les nombreux cas de cette sorte indiquent clairement que les sentences de l'oracle de Delphes avaient pour base des rêves fatidiques artificiellement provoqués ; et que ces rêves parfois pussent aller jusqu'à la plus extrême clairvoyance, suivie d'une déclaration directe et *sensu proprio,* c'est ce que témoigne l'histoire de Crésus (Hérodote I, 47, 48), qui mit la Pythie à l'épreuve en enjoignant à ses envoyés de lui demander ce qu'il faisait le centième jour après qu'ils l'avaient quitté en Lydie. La Pythie leur dit exactement ce que nul autre que le roi ne savait; que de sa propre main il faisait cuire dans une chaudière d'airain, avec un couvercle d'airain, de la chair de tortue et de la chair d'agneau mêlées ensemble. — La source que nous attribuons ici aux sentences des oracles de la Pythie correspond bien à ce fait qu'on la consulte au point de vue médicinal, pour lésions corporelles. Voir un exemple de cela dans Hérodote IV, 155.

En conséquence de ce que nous venons de dire, les rêves fatidiques théorématiques sont le plus haut et le plus rare degré de la prévoyance dans le sommeil naturel; les rêves fatidiques allégoriques en sont le second degré, le plus faible. A ces derniers se rattache maintenant encore, comme la dernière et la plus faible dérivation de la même source, le simple pressentiment. Ces pressentiments sont plus souvent de nature triste que de nature gaie, parce que justement la vie est faite plutôt de tristesse que de joie. Une disposition sombre, une attente anxieuse de ce qui doit arriver s'est, à notre réveil, emparée de nous sans cause apparente. Il faut expliquer cela, d'après ce que nous avons dit, par ce fait que la transposition en question du rêve que nous avons eu, au plus fort de notre sommeil, du rêve théorématique vrai, annonçant un malheur, en rêve allégorique du sommeil léger, n'a pu se produire; et que, par suite, de ce rêve il n'est rien resté dans notre conscience que son impression sur notre humeur, c'est-à-dire sur la volonté même, qui est proprement et en dernière analyse l'essence de l'homme. Cette impression, maintenant, se répercute comme un pressentiment prophétique, un pressentiment obscur. Parfois cependant ce pressentiment ne s'emparera de nous qu'au moment où se réaliseront les premières conjonctures du malheur annoncé dans le rêve théorématique, par exemple au moment où l'individu est sur le point de monter sur le navire qui doit sombrer, ou quand il s'approche de la poudrière qui doit le faire sauter. Beaucoup de personnes ont été sauvées pour avoir cédé au sentiment de peur qui s'est ainsi emparé d'elles au dernier moment, à l'angoisse intérieure qui les a prises. La seule explication de cela, c'est que du rêve théorématique, tout oublié qu'il est, il est resté cependant une faible connaissance, un souvenir obscur qui ne peut pas, à la vérité, venir clairement à la conscience, mais dont la trace est rafraîchie par la vue même des choses, la vue réelle des choses, qui, dans le rêve oublié, avaient agi si malheureusement sur nous. C'est de cette sorte qu'était le démon .de Socrate, cette voix intérieure qui l'avertissait; qui, quand il était décidé à entreprendre quelque chose de funeste, l'en détournait, n'intervenant toutefois toujours que pour le détourner, jamais pour l'inciter à faire. Nous ne pouvons trouver une confirmation immédiate de cette théorie des pressentiments que dans le somnambulisme magnétique, par qui nous sont divulgués les mystères du sommeil. Une confirmation de cette sorte nous est donnée dans l'histoire connue de Auguste Müller de Karlsruhe, p. 78. « Le 15 décembre la somnambule eut connaissance, la nuit, dans son sommeil (un sommeil magnétique), d'un accident désagréable qui lui arrivait et qui l'abattit profondément. Elle fit en même temps la remarque qu'elle serait tout le jour suivant anxieuse et abattue sans savoir pourquoi. » — Une autre confirmation de la chose c'est l'impression, dont il est parlé dans la « Voyante de Prévorst » (Seherin von Prevorst) (1ʳᵉ édit., t. II, p. 73, 3ᵉ édit., p. 325), que faisaient sur la voyante, à l'état de veille et ne se souvenant de rien, certains vers relatifs à certains incidents qui s'étaient déroulés dans le sommeil somnambulique. Même dans le « Tellurismus » de Kieser, § 271, on trouve des faits qui mettent ce point en lumière.

Relativement à tout ce qui vient d'être dit, il est très important de bien comprendre et de maintenir ferme la vérité fondamentale suivante. Le sommeil magnétique n'est que le sommeil naturel porté à un plus haut degré ; si l'on veut, le sommeil naturel à une plus haute puissance : c'est un sommeil incomparablement plus profond. Parallèlement la clairvoyance n'est que le rêve à un plus haut degré : c'est un rêve vrai durable, mais qui ici peut être dirigé du dehors et sur l'objet que l'on veut. En troisième lieu donc encore, l'action immédiatement bienfaisante du magnétisme, vérifiée dans tant de cas de maladie, n'est rien autre qu'une intensification de la puissance médicatrice naturelle du sommeil. C'est le sommeil qui est la véritable et grande panacée, et à la vérité par cette raison qu'avant toutes choses, grâce à lui, la force vitale, débarrassée des fonctions animales, est tout à fait libre pour agir alors de toute sa force comme *vis naturæ medicatrix*, et, en cette qualité, remettre dans le droit chemin toutes les parties de l'organisme profondément troublé. C'est pour cela aussi que partout l'absence complète de sommeil ne permet pas de guérison. Mais ce résultat est atteint à un bien plus haut degré par le sommeil magnétique incomparablement plus profond : c'est pour cela aussi que le sommeil, quand il se produit de lui-même pour faire cesser une maladie sérieuse, déjà chronique, dure parfois plusieurs jours, comme par exemple, dans le cas publié par le comte Szapary (« Ein Wort über anim. Magn., Leipzig, 1840). Même une fois en Russie une somnambule, sujette au vertige, dans une crise de clairvoyance, ordonna à son médecin de la plonger dans une mort apparente 9 jours : temps pendant lequel ses poumons jouirent d'un complet repos et guérirent, de sorte qu'elle se réveilla complètement rétablie. Mais comme maintenant l'essence du sommeil consiste dans l'inactivité du système cérébral et que son action bienfaisante vient justement de ce qu'il ne dépense plus du tout, qu'il ne fait plus de consommation, pour les fonctions de la vie animale, de force vitale, et que cette force vitale peut se porter alors tout entière vers la vie organique, — il peut paraître contraire au principal but poursuivi que, dans le sommeil magnétique, on voie apparaître un pouvoir de connaissance extraordinairement accru, qui, de sa nature, doit forcément être de quelque façon de l'activité cérébrale. Seulement il faut nous rappeler avant toutes choses que ce cas n'est qu'une rare exception. Entre 20 malades sur qui le magnétisme agit d'une manière générale, il y en a seulement un de somnambule, c'est-à-dire un qui perçoive et parle dans son sommeil; et sur 5 somnambules il y a seulement un clairvoyant (si l'on croit Deleuze, *Histoire critique du magnétisme*. Paris, 1813, vol. I, p. 138). Quand le magnétisme agit d'une manière bienfaisante, sans provoquer le sommeil, c'est simplement en stimulant la force médicatrice de la nature et en la portant sur la partie malade. Mais, à part cela, son action n'est qu'un sommeil tout à fait profond qui est sans rêve, qui même réduit le système cérébral à un tel degré d'impuissance que ni les impressions des sens, ni les lésions qui peuvent leur survenir ne sont senties. C'est pour cela qu'on peut au mieux utiliser ce sommeil pour les opérations chirurgicales : une fonction dont le chloroforme l'a cependant dépouillé. Pour ce qui est de la clairvoyance, dont le prélude est le somnambulisme ou le sommeil où l'on parle, la nature ne permet qu'on y arrive que lorsque il ne suffit pas, pour écarter la maladie, que sa force médicatrice agisse aveuglément et que cette force a besoin de trouver au dehors des moyens auxiliaires, qui sont indiqués par le patient lui-même, dans l'état de clairvoyance, avec la plus grande justesse. C'est dans ce but de permettre au patient d'être son propre médecin que la nature provoque l'état de clairvoyance : car *natura nihil facit frustra*. La façon dont elle procède ici est tout à fait analogue à celle qu'elle a suivie en grand, lors de la première apparition des êtres, lorsqu'elle a fait le pas décisif pour passer du règne végétal au règne animal. Pour les plantes il avait encore suffi du mouvement sur simple *excitation*. Mais à ce moment des besoins plus spéciaux et plus compliqués, dont la satisfaction exigeait des choses qu'il fallait chercher, choisir, dont il fallait s'emparer par force ou par ruse, rendirent nécessaire le mouvement *sur motifs*, et par suite la *connaissance* à ses divers degrés, la connaissance qui est donc le caractère propre de l'animalité ; — rendirent nécessaire ce qui n'est pas accidentel pour l'animal, mais qui lui est essentiellement propre, que nous trouvons comme caractère essentiel et nécessaire dans son concept. Je renvoie sur ce point à mon principal ouvrage, t. I, p. 170 et suiv. (3ᵉ édit. 178); puis à mon *Ethik*, p. 33 (2ᵉ édit. p. 32), et au « Willen in der Natur », p. 54 et suiv. et 70-80 (2ᵉ édit. 46 et suiv. et 63-69). Dans l'un et l'autre cas, la nature s'allume elle-même un flambeau pour pouvoir chercher et se procurer les secours du dehors dont l'organisme a besoin. L'emploi des dons de voyant du somnambule, ainsi apparus, pour d'autres objets que son propre état de santé, n'est qu'un emploi accidentel, et même, proprement, constitue déjà un abus de ces dons. C'est encore un abus de même nature de provoquer arbitrairement, contre la volonté de la nature, le somnambulisme et la clairvoyance par une magnétisation prolongée. Quand, au contraire, le somnambulisme et la clairvoyance sont réellement nécessaires, ils se produisent *naturellement* d'eux-mêmes après une courte magnétisation et parfois même sous forme de somnambulisme spontané. Ils se présentent alors, comme j'ai déjà dit, comme un rêve vrai d'abord seulement de l'entourage immédiat, puis avec un champ de vision de plus en plus large, jusqu'à ce que ce rêve, quand la clairvoyance est au plus haut degré, puisse embrasser toutes les choses de la terre, sur lesquelles on attire l'attention du patient, et même perce l'avenir. Du même coup et parallèlement va se développant la faculté de porter des diagnostics pathologiques et de formuler des prescriptions thérapeutiques, pour soi-même et abusivement pour les autres.

Même dans le somnambulisme au sens originaire et le plus propre du mot, donc dans la maladie de la noctambulation, nous avons encore à faire à un rêve vrai de la nature que nous avons dit ; mais ici le rêve n'est que pour l'usage immédiat, par suite ne s'étend qu'à l'entourage le plus près ; c'est que justement par cela le but de la nature, dans ce cas, est déjà atteint. Dans cet état, notamment, la force vitale, agissant comme *vis medicatrix*, n'a pas suspendu, comme elle fait dans le sommeil magnétique, dans le somnambulisme spontané et dans la catalepsie, la vie animale, pour concentrer toute son efficacité sur la vie organique, et pouvoir faire cesser les désordres qui s'y produisent. Elle se présente là, par suite d'une disposition maladive par laquelle on passe le plus souvent à l'âge de la puberté, comme un degré excessif et anormal d'irritabilité, dont maintenant la nature s'efforce de se débarrasser : ce qui se fait, comme on sait, par la marche, le travail, les exercices d'acrobatie qui vont jusqu'aux tentatives où l'on risque le plus de se casser le cou et aux sauts les plus dangereux. Alors la nature provoque, en même temps, comme pour veiller sur ses démarches si dangereuses, ce rêve vrai, énigmatique pour nous, mais qui ne s'étend ici qu'à l'entourage le plus immédiat, vu que cela suffit pour parer aux accidents que pourrait amener cette irritabilité lâchée et agissant à l'aveugle. Ce rêve vrai n'a donc ici que le but négatif d'éviter des dommages ; tandis qu'accompagné de clairvoyance, il a le but positif de chercher au dehors les secours nécessaires : de là la grande différence qu'on constate dans l'étendue de son champ de vision.

Si mystérieuse que soit l'action du magnétiseur, une chose est certaine, c'est qu'elle consiste à suspendre les fonctions animales. La force vitale est détournée du cerveau, qui est un simple pensionnaire ou un parasite de l'organisme, ou plutôt refoulée vers la vie organique, qui est sa fonction primitive, parce qu'alors c'est sa présence sans partage, et son action, qui est exigée là comme celle de la *vis medicatrix*. Mais, à l'intérieur du système nerveux, donc du siège exclusif de toute vie sensible quelconque, la vie organique est représentée par les organes qui règlent et dominent ses fonctions : les nerfs sympathiques et les ganglions. Par suite on peut considérer tout ce procès comme le refoulement de la force vitale du cerveau vers ces derniers, mais en même temps aussi, d'une manière générale, considérer les deux organes comme des pôles s'opposant l'un à l'autre : le cerveau avec les organes du mouvement qui s'y rattachent comme le pôle positif et conscient, les nerfs sympathiques avec leurs ganglions comme le pôle négatif et inconscient. En ce sens se laisserait alors formuler, sur ce qui se passe dans le magnétisme, l'hypothèse suivante : supposons qu'il y ait action du pôle cérébral (donc du pôle des nerfs extérieurs) du magnétiseur sur le pôle de même nom du patient : le magnétiseur agit alors, conformément à la loi générale de polarité, sur le pôle de même nom, que représente le patient, d'une manière *répulsive* : ce qui fait que la force nerveuse se trouve refoulée sur l'autre pôle du système nerveux, le pôle intérieur, le système ganglionnaire intestinal. C'est pour cela que ce sont les hommes, — chez qui prédomine le pôle cérébral, — qui peuvent le mieux magnétiser ; au contraire les femmes, chez qui prédomine le système ganglionnaire, sont les plus propres à être magnétisées et à tout ce qui s'ensuit. S'il était possible que le système ganglionnaire féminin pût agir de la même façon sur le système ganglionnaire masculin, donc aussi d'une manière *répulsive*, il devrait se produire, par un procédé inverse, chez l'homme, une vie cérébrale d'une intensité extraordinaire, une manifestation passagère de génie. Cela n'est pas faisable parce que le système ganglionnaire n'est pas capable d'agir au dehors. Au contraire, on pourrait fort bien considérer le fameux *baquet* comme une magnétisation *attractive* résultant de l'action des pôles de nom opposé l'un sur l'autre, de sorte que les nerfs sympathiques de tous les patients, assis autour du baquet et reliés au baquet par des baguettes de fer et des rubans de laine aboutissant au creux de l'estomac, les nerfs sympathiques de tous ces patients, ne formant qu'un tout et ayant leur force accrue par la masse inorganique du baquet, attirent à eux individuellement le pôle cérébral de chacun d'entre eux, donc réduisent la vie animale à sa plus simple expression, la faisant se perdre dans le sommeil magnétique de tous, — tout comme le lotus, le soir venu, s'enfonce dans les flots. Avec ceci s'accorde aussi le fait que, lorsqu'on a appliqué les baguettes et les bandes, qui font l'office de conducteurs du baquet, sur la tête au lieu de les mettre au creux de l'estomac, il se produit une vive congestion et des douleurs de tête (Kieser, *Tellurisme*, 1re édition, t. I, p. 439). Que, dans le baquet *sidérique*, les simples métaux, non magnétisés, exercent la même influence, cela paraît se rattacher au fait que le métal est la chose la plus simple, la plus primitive, le degré le plus bas de l'objectivation de la volonté, conséquemment donc quelque chose qui s'oppose directement au cerveau, ce degré le plus haut de cette même objectivation; donc quelque chose qui s'éloigne le plus de lui; qui, outre cela, offre la plus grande masse sous le plus petit volume. Le métal rappelle donc la volonté à son point de départ, à sa forme originaire, et est tout près du système ganglionnaire, comme en retour la lumière est tout près du cerveau. C'est pour cela que les somnambules craignent pour les organes du pôle conscient le contact des métaux. C'est par là que s'explique également la faculté qu'ont certains organismes particuliers d'avoir une sensibilité spéciale pour les métaux et l'eau. — S'il est vrai que, pour le baquet ordinaire, le baquet magnétisé, ce qui agit ce sont les systèmes ganglionaires, reliés au baquet, de toutes les personnes rassemblées autour, — lesquels, de toutes leurs forces réunies, attirent le pôle cérébral, — on comprendra qu'on puisse voir là l'explication de la contagion qu'on remarque en général dans le somnambulisme, et l'explication aussi du fait tout voisin de la communication, au moment même, du don de seconde vue, résultant du contact de ceux qui ont les premiers ce don avec les autres, tout comme en général de la communauté des visions, simple conséquence de la réunion momentanée de tous ces hommes.

Voudrait-on maintenant se permettre de faire de l'hypothèse ci-dessus, relative à ce qui se passe dans la magnétisation active et qui a pour fondement la loi de polarité, un usage plus audacieux encore ? on pourrait déduire de là, quand ce ne serait que d'une manière schématique, la façon dont, à un haut degré du somnambulisme, le rapport entre le magnétiseur et la magnétisée est tel que la somnambule est au fait de toutes les pensées, de toutes les connaissances, de toutes les langues connues, même de toutes les perceptions sensibles du magnétiseur; donc qu'elle est présente dans son cerveau : tandis que en retour, c'est la volonté du magnétiseur qui influe directement sur elle et la domine au point de pouvoir l'immobiliser là. On sait que dans l'appareil galvanique le plus employé de nos jours, où les deux métaux sont plongés dans deux sortes d'acides séparés par de l'argile, le courant positif va, à travers ces liquides, du zinc au cuivre et ensuite, en dehors de ces liquides, dans l'électrode du cuivre au zinc. D'une manière tout à fait analogue, le courant positif de la force vitale, qui est la force, la volonté du magnétiseur, irait donc du cerveau de ce dernier à celui de la somnambule pour la dominer et refouler dans les nerfs sympathiques, donc dans la région du ventre, son pôle négatif, sa propre force vitale, par laquelle la conscience lui vient au cerveau. Mais ensuite le même courant reviendrait de là dans la personne du magnétiseur, à son pôle positif, à son cerveau, où s'offrent alors à lui les pensées et les sensations de ce dernier auxquelles, justement pour cela, participerait alors la somnambule. Ce sont là, à la vérité, des vues très osées; mais quand il s'agit de choses aussi inexpliquées que celles qui constituent le problème présent, toute hypothèse est permise, qui nous en donne une explication quelconque, ne fut-elle que schématique ou analogique.

Ce qu'il y a de par trop merveilleux et par suite d'incroyable, tant que cela n'a pas été confirmé par l'accord unanime de cent sortes de témoins les plus dignes de foi, dans la clairvoyance somnambulique, cette clairvoyance à laquelle rien n'échappe, ce qui est caché, ce qui est absent, ce qui est lointain, même ce qui sommeille encore au sein de l'avenir; tout cela perd tout au moins de son invraisemblance absolue, si nous voulons bien considérer que, comme je l'ai si souvent dit, le monde objectif est un simple phénomène cérébral. C'est l'ordre de ce monde, résultant de la loi et reposant sur l'espace, le temps et la causalité (qui sont des fonctions du cerveau) qui est, jusqu'à un certain point, mis de côté dans la clairvoyance somnambulique. Notamment comme conséquence de la doctrine kantienne de l'idéalité de l'espace et du temps, il est compréhensible que la chose en soi, donc ce qu'il y a de seul vraiment réel dans tous les phénomènes, en tant que libéré de ces deux formes de l'intelligence, ne connaît pas cette distinction du près et du loin, du présent, du passé et de l'avenir. Par suite les séparations, qui ont pour origine ces formes d'intuition, n'ont rien d'absolu, et, pour le mode de connaissance dont il s'agit ici, devenu essentiellement autre par la transformation de son organe, n'ont plus de limites infranchissables. Si, au contraire, le temps et l'espace étaient absolument réels et rentraient dans l'essence absolue des choses, les dons de voyante de la somnambule, comme en général toute faculté de voir au loin ou de prévoir, serait une merveille purement incompréhensible. D'autre part, la doctrine kantienne reçoit, jusqu'à un certain point, des constatations, dont il s'agit ici, une confirmation de fait. Si en effet, le Temps ne rentre pas dans l'essence propre des choses, le, avant, et le, après, n'ont pas de sens pour cette essence des choses : un fait quelconque peut donc nécessairement être connu aussi bien avant qu'il arrive, qu'après. Toute divination, que ce soit la divination en rêve, la prévision somnambulique ou la seconde vue, ou toute autre, toute divination ne consiste seulement qu'à trouver le moyen d'affranchir la connaissance de la condition du Temps. — La comparaison suivante montrera la chose. La chose en soi est le *primum mobile* dans le mécanisme, qui imprime son mouvement à l'amusette compliquée et diverse de ce monde tout entière. Ce *primum mobile* doit conséquemment être de toute autre sorte et manière que cette dernière. Nous voyons bien comment s'enchaînent toutes les parties de l'œuvre, avec les leviers et les roues volontairement mis à jour (la succession dans le temps et la causalité) ; mais ce qui imprime le premier mouvement à tout cela nous ne le voyons pas. Quand je lis maintenant comment les somnambules clairvoyantes connaissent l'avenir si longtemps d'avance et avec cette précision, c'est pour moi comme si elles étaient parvenues à atteindre le mécanisme qui se cache là derrière, duquel tout vient, et où par suite existe déjà à l'état présent ce qui, extérieurement, c'est-à-dire, vu à travers ce verre optique qu'est pour nous le temps, sera pour la première fois alors le futur, l'avenir.

Outre cela, le même magnétisme animal, auquel nous devons cette merveille, nous rend croyable de plusieurs façons une action immédiate de la volonté sur autrui et cela au loin. Mais une action de cette sorte, c'est le caractère fondamental de ce qu'on désigne par le nom maudit de *magie*. La Magie c'est en effet une action immédiate de notre volonté même, une action libre des conditions causales de l'action physique, libre donc de tout contact, au sens le plus large du mot; comme je l'ai expliqué dans un chapitre particulier de mon écrit « über den Willen in der Natur. » L'action magique est, à l'action physique, ce que la mantique est à la conjecture rationnelle : l'action magique, c'est, tout entière, l'*actio in distans*, comme la véritable mantique, par exemple la clairvoyance somnambulique, est la *passio a distante*. Tout comme dans cette dernière il y a cessation de l'isolement individuel de la connaissance; dans la première il y a cessation de l'isolement individuel de la volonté. Dans les deux, nous faisons donc, indépendamment des limitations qu'imposent l'Espace, le Temps et la Causalité, ce que dans tout autre cas et dans la vie de chaque jour nous ne pouvons faire que sous la condition de ces limitations. Là donc notre essence la plus intime ou la chose en soi s'est dépouillée de ces formes du phénomène et se présente à l'état libre. Mais par suite la crédibilité de la mantique et celle de la magie sont une seule et même chose et le doute que l'une et l'autre peuvent provoquer, toujours vient et s'évanouit en même temps.

Le magnétisme animal, les cures sympathiques, la magie, la seconde vue, le rêve vrai, les apparitions d'esprit, et les visions de toutes sortes sont des phénomènes voisins, des branches d'un même tronc, et témoignent, d'une manière sûre, irrécusable, d'un enchevêtrement des êtres, qui repose sur un ordre des choses, tout autre que n'est celui qu'est la nature : la nature qui a pour base les lois de l'espace, du temps et de la causalité. Cet autre ordre est un ordre bien plus profond, plus primitif, plus immédiat. Pour cet ordre donc, les lois de la Nature, les premières, les plus générales, étant simplement *formelles* sont comme si elles n'étaient pas. Conséquemment le temps et l'espace ne séparent plus les individus ; et l'individuation et l'isolement des êtres particuliers, reposant sur ces formes, n'opposent plus d'infranchissables limites à la communication des pensées et à l'action immédiate de la volonté; en sorte que des changements se produisent par une toute autre voie que celle de la causalité physique et de l'enchaînement des causes secondes, notamment par un simple acte de volonté posé d'une façon spéciale et par cela agissant en dehors de l'individu. D'après cela le caractère propre de tous les phénomènes animaux, dont il est question ici, *visio in distans* et *actio in distans* se manifeste aussi bien relativement au temps que relativement à l'espace.

Disons-le en passant, la véritable notion de l'*actio in distans* est celle-ci : que l'espace entre celui qui agit et le patient, plein ou vide, n'a absolument aucune influence sur l'action, mais que c'est une chose parfaitement indifférente que cet espace soit d'un pouce ou représente des billions de fois l'orbite que décrit Uranus. Donc, si l'action s'affaiblit avec l'éloignement, c'est, ou bien qu'une matière remplissant déjà l'espace a à la propager et par suite, par l'effet de sa réaction constante, l'affaiblit dans la mesure de cet éloignement; ou bien que la cause elle-même consiste dans un courant matériel, qui va se répandant dans l'espace et devient d'autant moins consistant qu'il se continue plus loin. Au contraire l'espace vide ne peut d'aucune façon faire obstacle et affaiblir la causalité. Là où donc l'action va décroissant dans la mesure où l'on s'éloigne du point où elle a sa cause initiale, comme l'action de la lumière, de la gravitation, du magnétisme, il n'y a pas d'*actio in distans*; et il y en a tout aussi peu là où cette action est seulement retardée par l'éloignement. Ce qui se meut dans l'espace c'est, en effet, uniquement la matière; c'est donc la matière qui devrait nécessairement être le véhicule d'une telle action, et conséquemment n'agir que quand elle est présente, donc que par contact, — donc pas *in distans*.

Au contraire les phénomènes dont il est question ici, et que nous avons considérés comme des branches d'un même tronc, ont, comme nous l'avons dit, pour caractères spécifiques l'*actio in distans* et la *passio a distante*. Mais par cela même ils sont pour nous, comme nous l'avons déjà dit, une confirmation *de fait* aussi inattendue que certaine de la théorie fondamentale de Kant, de l'opposition du phénomène et de la chose en soi, et de l'opposition entre elles des lois qui s'appliquent à chacun d'eux. La Nature, avec son ordre, est comme on sait, d'après Kant, simple phénomène. En parfaite opposition à cet ordre, nous voyons tous les faits, dont nous nous occupons ici et qu'on peut nommer magiques, avoir leur racine immédiate dans la chose en soi et introduire dans le monde phénomal des phénomènes qu'on ne saurait jamais expliquer par les lois de ce monde phénoménal; qu'on a niés par suite avec raison, jusqu'à ce qu'une expérience, se présentant sous cent formes diverses, n'ait plus enfin permis de le faire. Mais ce n'est pas seulement la philosophie kantienne, c'est aussi la mienne qui, par l'étude plus précise de ces phénomènes, trouve une confirmation importante dans ce fait que, en tout cela, c'est la *Volonté* seule qui proprement agit : par quoi elle se révèle comme la chose en soi. Aussi, frappé de cette vérité, pour lui une vérité empirique, un magnétiseur connu, le comte hongrois *Szapary* qui visiblement ne sait rien de ma philosophie et peut-être pas grand'chose de n'importe quelle autre, le comte *Szapary* intitule le premier mémoire de son écrit « Ein Wort über den animalischen Magnetismus », Leipzig, 1840 ; « Preuve physique que la *Volonté* est le principe de toute vie spirituelle et corporelle. »

Outre cela, encore, et abstraction faite de cela, les phénomènes en question sont, en tout cas, une réfutation de fait et tout à fait certaine non seulement du matérialisme, mais même du naturalisme, tel que je l'ai caractérisé, au chapitre xvii du tome II de mon principal ouvrage, comme n'étant que la physique installée sur le trône de la métaphysique. Ces faits, en effet, nous montrent, dans l'ordre de la nature, que les deux susdites philosophies prétendent être l'ordre absolu et unique, un ordre purement phénoménal et conséquemment simplement superficiel, auquel l'essence même des choses en soi, indépendante des lois de cet ordre, sert de fondement. Mais les phénomènes en question sont, tout au moins considérés du point de vue philosophique, entre tous les faits que nous offre le champ entier de l'expérience, sans comparaison les plus importants ; c'est pour cela qu'il est de toute rigueur pour un savant d'en prendre une connaissance suffisante.

Pour faciliter cet examen, nous ferons la remarque suivante, plus générale encore. La croyance aux esprits est innée au cœur de l'homme : on la rencontre à toutes les époques et dans tous les pays, et peut-être n'y a-t-il pas d'homme qui en soit totalement affranchi.

La grande masse, le peuple de tous les pays et de tous les temps, distingue le naturel et le surnaturel comme les deux ordres fondamentalement divers et cependant également existants des choses. Au surnaturel, elle attribue les miracles, les prophéties, les spectres, la sorcellerie, mais en outre elle voudrait, si on l'en croyait, qu'il n'y eût rien qui fût complètement naturel, jusqu'en ses derniers fondements, et que la Nature elle-même reposât sur un surnaturel. Par suite le peuple comprend très bien quand on pose la question : « Est-ce naturel ou non ? » Cette distinction populaire concorde essentiellement avec la distinction de Kant entre le phénomène et la chose en soi ; si ce n'est que la distinction de Kant présente quelque chose de plus précis et de plus exact, notamment en ce qu'elle ne fait pas du naturel et du surnaturel deux espèces d'êtres divers et séparés, mais un seul et même être qui, pris en lui-même, mérite le nom de surnaturel, parce que ce n'est qu'au moment où il *paraît*, c'est-à-dire devient un objet de perception pour notre intelligence, que la Nature se déploie elle aussi, la Nature dont c'est justement la soumission à des lois immuables que nous entendons désigner quand nous parlons du *naturel*. Pour ce qui me regarde, je n'ai fait que rendre plus claire l'expression de Kant lorsque j'ai appelé représentation (Vorstellung) ce qu'il avait appelé phénomène (Erscheinung). Et si maintenant encore on considère que, dans la Critique de la Raison pure, et dans les Prolégomènes, la chose en soi de Kant, si souvent, sort à peine un tout petit peu de l'obscurité où il la tient; qu'elle se présente en même temps comme ce qui est capable en nous d'imputation morale, donc comme volonté, on reconnaitra qu'en montrant dans la volonté la chose en soi, je n'ai justement fait que tirer au clair et complété la pensée de Kant.

Le magnétisme animal est, considéré, non à la vérité du point de vue économique et technologique mais du point de vue philosophique, la plus importante de toutes les découvertes qui aient jamais été faites, en admettant même qu'il pose parfois plus de questions qu'il n'en résout. C'est réellement la métaphysique pratique comme déjà Bacon de Verulam définit la magie; c'est jusqu'à un certain point une métaphysique expérimentale : par lui sont, en effet, écartées les premières et les plus générales lois de la Nature; et il fait par suite possible ce qui était consiété *a priori* comme impossible. Mais si déjà, quand il s'agit de la simple physique, l'expérience et les faits ne nous donnent pas de longtemps la juste vue des choses, et s'il faut, pour cela, une explication des faits souvent très difficile à trouver, combien plus faut-il s'attendre à cela quand il s'agit des faits mystérieux de cette métaphysique qui se présente ainsi empiriquement! La métaphysique rationnelle ou théorique marchera donc, dans son développement, parallèlement à la première, recueillant les trésors que l'autre découvrira. Mais ensuite un temps viendra où la philosophie, le magnétisme animal et la science de la Nature, dans toutes ses branches alors ayant fait des progrès sans exemple, jetteront mutuellement l'une sur l'autre une si vive lumière que des vérités apparaîtront alors qu'on ne pouvait pas espérer atteindre sans cela. Seulement qu'on ne pense pas ici aux assertions métaphysiques et aux doctrines des somnambules : ce sont la plupart du temps de pauvres idées qui ont pour origine les doctrines apprises de la somnambule mêlées à ce qu'elle trouve dans la tête de son magnétiseur; par suite indignes d'attention.

Même pour conclure sur ces apparitions d'esprit, si obstinément affirmées à toutes les époques et non moins obstinément niées, nous voyons le magnétisme nous ouvrir la voie. C'est de bien suivre cette voie qui ne sera pas facile, située qu'elle est à égale distance de la trop facile crédulité de notre *Justinus Kerner*, à tous autres égards si respectable et si plein de mérite, et de l'opinion dominant aujourd'hui uniquement en Angleterre, qui admet qu'il n'y a d'autre ordre de choses qu'un ordre naturel mécanique, pour pouvoir d'autant mieux soumettre et faire tourner tout ce qui dépasse cela autour d'un être personnel, tout à fait distinct du monde et se comportant avec ce dernier de la manière la plus arbitraire. Le clergé anglais, qui craint la lumière, qui a la haine impudente de toute connaissance scientifique, et pour cela le scandale de notre partie du monde, le clergé anglais est en dernière analyse responsable, pour le soin qu'il met à cultiver tous les préjugés favorables à cette froide superstition qu'il appelle « sa religion » et sa haine de toutes les vérités contraires, du tort qu'a dû subir le magnétisme animal en Angleterre, où, après que déjà depuis quarante ans il est reconnu, en théorie et en pratique, en Allemagne et en France, il n'a pas même encore été examiné ; où il a été ridiculisé et condamné comme un grossier mensonge. « Celui qui croit au magnétisme animal, m'a dit encore en 1850 un jeune pasteur anglais, celui-là ne peut pas croire en Dieu » : *hinc illæ lacrymæ!* Finalement même sur l'île des préjugés et du mensonge sacerdotal, le magnétisme animal a planté sa bannière, pour que soit confirmé une fois de plus et d'une manière glorieuse le beau proverbe biblique : *Magna est vis veritatis et prævalebit,* μεγαλη ἡ αληθεια καὶ ὑπερισχυει (v. ὁ ἱερευς, i. e. Livre I. Esras, *in* LXX, ch. iv, 41), ce beau proverbe qui fait avec raison trembler d'effroi pour ses prébendes le cœur sacerdotal anglican. Il est grand temps d'envoyer en Angleterre des missions au nom de la raison, des lumières et de l'anticléricalisme, avec une *Critique de la Bible* de V. Bohlen et de Straussen d'une main et une *Critique de la Raison pure* de l'autre, pour empêcher d'exercer leur profession ces prêtres qui s'intitulent eux-mêmes révérends et qui sont les plus orgueilleux et les plus impudents de tous les prêtres du monde ; pour mettre fin au scandale dont ils donnent exemple. Cependant, à ce point de vue, nous devons encore attendre le plus des bateaux à vapeur et des chemins de fer, ces choses aussi nécessaires à l'échange des pensées qu'à celle des marchandises, et qui feront courir le plus grand danger à cette bigoterie vulgaire que l'Angleterre met tant de soin et de ruse à cultiver et qui règne même parmi les plus hautes classes. Quelques-uns, à coup sûr, lisent, mais tous bavardent ; et les institutions du pays donnent l'occasion et le loisir pour cela. Il ne faut cependant pas souffrir plus longtemps que ces prêtres fassent de la plus intelligente et, presque à tous les points de vue, de la première nation de l'Europe la dernière par leur bigoterie grossière et la rendent tout à fait méprisable. Et cela surtout si on pense au moyen par lequel ce clergé a atteint son but, c'est-à-dire à la façon dont il s'est acquitté de l'éducation populaire dont il était chargé et dont il a si bien usé que les deux tiers de la nation anglaise ne savent pas lire. Sur ce point, son impudence va si loin que les résultats les plus certains, les plus généraux de la géologie sont attaqués par ses membres dans les feuilles publiques avec colère, avec dédain ; avec un mépris amusant, parce qu'ils veulent faire prendre tout à fait au sérieux la légende de la création mosaïque, sans remarquer que tenter de telles attaques c'est heurter le pot de terre contre le pot de fer[1].

1. Les Anglais sont à ce point une *matter of fact nation*, que si par des découvertes historiques et géolo-

Du reste la source propre de cet obscurantisme anglais, qui trompe si scandaleusement le peuple, est la loi de primogéniture qui fait à l'aristocrate, au sens le plus large du mot, une nécessité de pourvoir à l'avenir de ses enfants les plus jeunes : c'est pour ceux d'entre ces enfants, qui ne sont bons ni pour la marine ni pour l'armée, que le Church-establishment (le nom est caractéristique) avec ses cinq millions de livres de revenu est l'*établissement qui a charge de les pourvoir*. On procure au jeune gentleman *a living* (encore un nom caractéristique) : une *subsistance* (Leberei) c'est-à-dire une paroisse tantôt par faveur, tantôt à prix d'or : très souvent la vente de ces bénéfices fait l'objet d'une annonce dans les périodiques (de véritables enchères publiques[1]). Il est vrai que par

giques nouvelles (par exemple celle-ci que la pyramide de Chéops est de mille ans plus vieille que le déluge), toute réalité, tout noyau historique venait à manquer à l'Ancien Testament, toute leur religion s'effondrerait.

1. Dans le *Galignani* du 12 mai 1855, on signale d'après le *Globe* que la Rectory of Pensey, Willshire, doit être mise aux enchères publiques le 13 juin 1855; et le *Galignani* du 23 mai 1855, donne d'après le *Leader*, et depuis plus souvent, une liste complète des paroisses qui doivent figurer aux enchères publiques; le nom de chacune est suivi de l'indication du revenu qu'elle comporte, des agréments de la localité et de l'âge du titulaire. Donc les paroisses des églises comme les fonctions d'officiers dans l'armée, sont quelque chose de

pudeur, ce n'est pas la paroisse elle-même qui est vendue, mais c'est le droit d'en disposer cette fois (le droit de *patronage*). Comme l'affaire se conclut nécessairement avant la vacance effective, on ajoute (pour comble de fumisterie) que le titulaire actuel est déjà vieux de soixante-dix-sept ans, sans manquer en même temps de signaler les commodités particulières que présente pour la chasse et la pêche la paroisse, et aussi les agréments de la maison d'habitation. C'est la simonie la plus impudente qui soit au monde. On comprend, après cela, pourquoi dans la bonne société, je veux dire la société distinguée anglaise, tout mépris de l'Eglise et de ses froides superstitions est considéré comme une chose de mauvais ton, comme une inconvenance, conformément à la maxime : *quand le bon ton arrive, le bon sens se retire*. Si grande est, en Angleterre, l'influence du clergé que, à la honte durable de la nation, la statue de Byron, de Thorwaldsen, de Byron, après l'incomparable Shakespeare, leur plus grand poète, n'a pas pu trouver de place, à côté de leurs autres grands hommes, dans l'abbaye de West-

vénal. Ce que la pratique donne pour les officiers, on l'a vu de nos jours sur les champs de bataille de Crimée: ce qu'elle donne pour les pasteurs, l'expérience nous l'apprend également.

minster, leur Panthéon national. Cela parce que Byron a été assez consciencieux pour ne faire au mensonge du cléricalisme anglican aucune concession et pour aller sa voie librement; tandis que Wordsworth, le médiocre poète, si souvent pour Byron son point de cible et l'objet de son mépris, a eu, comme il est juste, sa statue à Westminster dès l'année 1854. La nation anglaise, par une telle bassesse, se signale elle-même *as a stultified and priestridden nation*. Elle est, à juste titre, la dérision de l'Europe. Cependant cela ne durera pas. Une génération à venir plus sage portera en pompe la statue de Byron dans l'église de Westminster. Voltaire, au contraire, qui a cent fois plus que Byron, crié contre l'Eglise, repose glorieusement dans le Panthéon français, l'église Sainte-Geneviève, bien heureux d'appartenir à une nation qui ne se laisse pas conduire par le nez et gouverner par les prêtres. En Angleterre, ne manquent naturellement pas les effets démoralisants du mensonge clérical et de la bigoterie. Démoralisant doit forcément être ce mensonge du clergé au peuple, que la moitié de toutes les vertus consiste à paresser le dimanche et à criailler à l'église, et qu'un des plus grands péchés, qui fraie la voie à tous les autres, c'est de violer le repos du dimanche, c'est-à-dire de ne pas fainéanter ce jour-là. De là aussi dans leurs journaux la déclaration donnée très souvent par les pauvres qu'on va pendre, que c'est de la violation du dimanche, du *Sabbathbreaking*, cette abominable faute, qu'est sortie tout entière leur vie remplie de péchés. C'est encore justement parce que l'Eglise est cet établissement temporel, chargé de pourvoir aux besoins des cadets de l'aristocratie, qu'encore aujourd'hui la malheureuse Irlande, dont les habitants meurent de faim par milliers, doit entretenir, outre son propre clergé catholique qu'elle entretient volontairement sur ses propres ressources, une cléricature protestante qui ne fait rien, avec un archevêque, douze évêques, et une armée de *Deans* (doyens) et de *rectors* : tous vivant sinon directement aux dépens du peuple, du moins des biens de l'Eglise.

J'ai déjà fait remarquer que le rêve, la perception somnambulique, la clairvoyance, la vision, la seconde vue, peut-être les apparitions d'esprit sont des phénomènes tout voisins. Ces faits ont de commun ceci, que, par eux, nous avons une intuition qui se présente à nous comme objective et qui est due à un organe tout autre que celui qui entre en jeu à l'état ordinaire de veille, qui n'est pas due aux sens extérieurs et qui est aussi complète et aussi précise que si elle leur était due ; cet organe je l'ai nommé pour cela l'*organe du rêve*. Ce qui, au contraire, distingue ces deux organes l'un de l'autre, c'est la diversité de leur rapport respectif avec le monde extérieur, ce monde empirique et réel que nous font percevoir les sens. Ce rapport, on le sait, dans le rêve, d'ordinaire, n'existe pas ; et même dans les rares rêves fatidiques qui se produisent, ce n'est le plus souvent qu'un rapport médiat et éloigné, très rarement un rapport direct : au contraire ce rapport, dans la perception somnambulique et la clairvoyance tout comme dans la noctambulation, est un rapport immédiat tout à fait exact; dans la vision et les apparitions d'esprit (s'il en existe) c'est un rapport problématique. — La vision des objets dans le rêve, on le sait, est reconnue illusoire, donc proprement comme une vision purement subjective, tout comme la vision imaginative. Mais cette même sorte de vision devient, dans l'état de somnolence éveillée et dans le somnambulisme, une vision tout à fait objective et juste. Même dans l'état de clairvoyance, le cercle où elle s'étend dépasse incomparablement ce même cercle à l'état de veille. Mais s'il arrive maintenant que cette vision s'étende ici aux fantômes des morts, on veut alors que ce ne soit plus comme tout à l'heure qu'une simple vue subjective. C'est là cependant quelque chose qui ne s'accorde pas analogiquement avec cette marche progressive, dont nous venons de parler; et la seule chose qu'on puisse prétendre, c'est que, alors, on voit des objets dont l'existence n'est pas confirmée par la vision ordinaire de l'individu à l'état de veille, qui se trouve là, peut-être, présent. Au degré qui précède immédiatement, au contraire, les objets étaient d'une nature telle que l'individu, à l'état de veille, n'a qu'à les chercher au loin ou à attendre qu'ils se produisent dans la série des temps. Au degré où nous sommes maintenant la clairvoyance se présente à nous comme une intuition qui s'étend à ce qui n'est pas immédiatement accessible à l'activité cérébrale à l'état de veille, mais qui cependant existe réellement et effectivement. Nous ne pouvons pas, par là, à ces perceptions, — sous prétexte que notre vision à l'état de veille ne peut pas parvenir à les réaliser à quelque distance que ce soit ou après quelque laps de temps que ce soit — nous ne pouvons pas refuser la réalité objective, tout au moins de prime abord et sans examen. Même nous pouvons conjecturer, par analogie, qu'un pouvoir de vision qui s'étend à ce qui est réellement à venir et qui n'est pas encore existant, pourrait être aussi bien capable de percevoir comme présent ce qui a été une fois et qui n'est plus. En outre, il n'a pas encore été démontré que les fantômes, dont il s'agit ici, ne peuvent pas arriver à la conscience à l'état de veille. Le plus souvent ils sont perçus dans l'état de somnolence éveillée, donc à ce moment où, encore que rêvant, on voit exactement l'entourage et le présent immédiat : comme là tout ce qu'on voit est objectivement réel, les fantômes qui peuvent apparaître à ce moment doivent être de prime abord présumés réels.

Mais maintenant l'expérience nous apprend, en outre, que la fonction de l'organe du rêve, qui d'ordinaire a pour condition de son activité le sommeil léger ordinaire, ou encore le sommeil magnétique profond, — que cette fonction peut exceptionnellement entrer en jeu même quand le cerveau est à l'état de veille, donc que cet œil, par lequel nous voyons les rêves, peut même parfois s'ouvrir dans l'état de veille. Alors nous avons devant nous des formes qui ressemblent tellement à celles qui viennent par les sens dans le cerveau que nous nous y trompons, que nous les confondons avec ces dernières, que nous les prenons les unes pour les autres, jusqu'à ce qu'il apparaisse que ce ne sont pas des anneaux de cette chaîne qui relie toutes choses dans la réalité expérimentale; qu'elles ne figurent pas dans ce système de causes et d'effets, qu'on comprend sous le nom de monde des corps : ce qui se produit ou bien aussitôt par l'effet de leur nature ou bien, au contraire, seulement plus tard. A une forme se présentant ainsi, s'appliquera, selon qu'elle a en telle ou telle chose sa cause la *plus lointaine*, le nom d'hallucination, de vision, de seconde vue ou d'apparition d'esprit. Sa cause la plus immédiate doit toujours forcément être dans l'intérieur de l'organisme, puisque, comme il a été dit, c'est une action partant de l'intérieur, qui provoque le cerveau à voir et qui, le pénétrant, s'étend jusqu'aux nerfs sensitifs, par lesquels ensuite les formes ainsi produites prennent la couleur, l'éclat, même le ton et la voix de la réalité. Parfois cependant, la chose s'arrête à mi-chemin; les formes en question ne sont que faiblement colorées; elles restent pâles, grises, presque transparentes ou même, quand elles sont pour affecter l'oreille, la voix reste voilée, sourde, légère, enrouée ou stridente. Si le voyant concentre trop son attention sur elles, elles s'évanouissent d'ordinaire, parce que les sens, se tournant alors avec force pour percevoir l'impression extérieure, ne perçoit effectivement que celle qui, comme étant la plus forte et allant dans la direction opposée, maîtrise et repousse toute activité cérébrale venant de l'intérieur. Justement pour éviter cette collision, il arrive que, dans les visions, l'œil intérieur projette des formes, autant que possible, là où l'œil extérieur ne perçoit rien, dans un coin obscur, derrière des rideaux, devenus tout à fait transparents, et généralement dans l'obscurité de la nuit, devenue le temps de l'apparition des esprits, par cette simple raison que l'obscurité, le silence et la solitude, supprimant les impressions extérieures, laissent libre jeu à toute activité du cerveau venant de l'intérieur. A ce point de vue on peut comparer le fait au phénomène de la phosphorescence qui ne se produit que dans l'obscurité. Avec une société bruyante et la lumière de plusieurs bougies, le milieu de la nuit, n'est plus le moment de l'apparition des esprits. C'est seulement le milieu de la nuit obscure, silencieuse, qui est cela, parce que déjà instinctivement nous redoutons alors la venue des apparitions qui se présentent comme quelque chose de tout à fait extérieur, quoique leur cause la plus immédiate se trouve en nous; et nous nous craignons alors proprement nous-mêmes. C'est pourquoi celui qui craint la venue de telles apparitions s'adjoint une société.

Quoique, maintenant, l'expérience enseigne que les apparitions de toutes sortes, dont il s'agit ici, aient, du reste, lieu à l'état de veille, ce par quoi elles se distinguent des rêves, je doute cependant encore que cet état de veille, où elles se produisent, soit un état de veille complet, au sens le plus fort du mot. Le partage, forcé ici, du pouvoir de représentation du cerveau, paraît comporter que, si l'organe du rêve est très actif, cela ne peut pas se produire sans qu'il y ait décroissement de son activité normale; sans que sa conscience de l'état de veille, l'activité de ses sens dirigés vers le dehors, ne soit jusqu'à un certain point affaiblie. D'où je conclus qu'au moment d'une telle apparition, la conscience de l'état de veille doit cependant être comme voilée d'une gaze légère, qui lui communique un léger caractère de rêve. On comprendrait d'après cela, pourquoi ceux qui ont eu des visions de cette sorte, n'en sont jamais morts de peur; tandis que, au contraire, de fausses apparitions d'esprits, artificiellement préparées ont eu parfois cet effet. Et même, d'ordinaire, les visions véritables ne provoquent pas de crainte; ce n'est qu'après, à la réflexion, qu'il s'y mêle une certaine horreur : la raison peut en être que ces formes, tant qu'elles se produisent, sont tenues pour des hommes en chair et en os et que ce n'est qu'après qu'on se rend compte qu'il ne se peut pas que ce soit cela. Cependant je crois que l'absence de frayeur, qui est la marque caractéristique des visions véritables vient surtout de la raison ci-dessus indiquée que, quoique éveillé, on est cependant comme entouré d'un léger voile de conscience de rêve; qu'on se trouve donc dans un élément auquel la peur des apparitions incorporelles est essentiellement étrangère; justement parce que, dans cet élément, l'objectif n'est pas aussi nettement distingué du subjectif que quand il s'agit de l'action sur nous du monde corporel. Ceci trouve sa confirmation dans la libre manière dont la voyante de Prévorst parle de son commerce avec les esprits : par ex. t. II, p. 120 (1re édit.). Elle fait tranquillement attendre un esprit qui se trouve là, jusqu'à ce qu'elle ait mangé sa soupe. J. Kerner, dit lui-même, en plusieurs endroits (par ex. t. I, p. 209), qu'elle paraissait être, à la vérité, éveillée, mais qu'elle ne l'était cependant pas tout à fait; ce qu'il faudrait, en tout cas concilier avec ses propres paroles (t. II, p. 11, 3ᵉ édit., p. 256), que toutes les fois qu'elle voit des esprits, elle est tout à fait éveillée.

De toutes les visions de cette sorte, qui se produisent à l'état de veille par le moyen de l'organe du rêve, et qui nous mettent devant les yeux des apparitions objectives tout à fait analogues aux visions, que nous devons aux sens, la cause la plus immédiate, nous l'avons dit, doit toujours être dans l'intérieur de l'organisme, où se produit un changement extraordinaire, qui, par le moyen du système nerveux végétatif, déjà tout proche du système cérébral, donc des nerfs sympathiques et de leurs ganglions, agit sur le cerveau. Et cette action, maintenant, met le cerveau dans cet état d'activité qui lui est naturel et propre de la vision objective, qui a pour forme l'espace, le temps et la causalité; tout comme le fait l'action qu'exerce le dehors sur les sens. Et c'est ainsi que le cerveau exerce alors en tout cas sa fonction normale. — Mais l'activité visuelle du cerveau, qui provient de l'intérieur, se communique jusqu'aux nerfs sensitifs, qui conséquemment excités du dedans, comme ils pourraient l'être du dehors, et ressentant leurs sensations spécifiques, revêtent alors les formes apparues de la couleur, du bruit, de l'odeur, etc., leur conférant par là la pleine objectivité et la corporalité des formes perçues par les sens. Cette théorie de la chose reçoit une confirmation remarquable de la déclaration suivante d'une somnambule clairvoyante d'Heineken sur l'origine de la vue somnambulique : « Dans la nuit, après un sommeil tranquille, naturel, il lui était tout d'un coup apparu que la lumière venait de la partie postérieure de la tête, de là se répandait dans la partie antérieure, pour venir ensuite aux yeux et rendre visible les objets environnants. C'est grâce à cette lumière semblable à la première lumière du jour, qu'elle avait vu et reconnu tout autour d'elle » (*Kieser's Archiv für d. thier. Magn*. t. II, partie III, p. 43). Mais la cause la *plus prochaine* de ces visions, provoquées du dedans dans le cerveau, doit nécessairement, à son tour, avoir une cause qui se trouve être, d'après cela, la cause *éloignée* de ces visions. Si maintenant il se faisait que nous trouvions que cette cause éloignée n'est pas toujours uniquement dans l'organisme, mais qu'il faut la chercher parfois même en dehors, dans ce dernier cas alors, ce phénomène cérébral, qui se présente jusqu'ici comme aussi subjectif que les simples rêves, ou même qui se présente comme un véritable rêve, ce phénomène cérébral reconquerrait, par une toute autre voie, l'objectivité réelle, c'est-à-dire son rapport réellement causal à quelque chose d'existant en dehors du sujet; recouvrerait cette objectivité pour ainsi dire par la porte de derrière.

Je vais donc énumérer maintenant les causes éloignées de ce phénomène, pour autant qu'elles nous sont connues. Je remarque tout d'abord ici que, toutes les fois que ces causes se trouvent dans l'intérieur de l'organisme, le phénomène reçoit le nom d'hallucination; il rejette ce nom et il en reçoit différents autres quand on découvre sa cause en dehors de l'organisme, ou qu'on se voit contraint d'en admettre une de cette sorte.

1) La cause la plus fréquente du phénomène cérébral en question, ce sont les maladies inflammatoires aiguës, notamment les fièvres chaudes qui entraînent le délire, le délire pendant lequel, sous le nom de visions de fièvre, le phénomène en question se produit

si souvent. Cette cause a manifestement son siège uniquement dans l'organisme, bien que la fièvre elle-même puisse être provoquée par des causes extérieures.

2) La folie n'est pas du tout toujours, mais est cependant parfois accompagnée d'hallucinations, dont il faut chercher les causes, semble-t-il, dans les états maladifs, la plupart du temps, du cerveau, mais surtout aussi du reste de l'organisme, qui provoquent cette folie.

3) Dans des cas rares, mais heureusement bien constatés, sans fièvre chaude, sans maladie aiguë et à plus forte raison sans folie, se produisent des hallucinations, des apparitions de formes humaines qui ressemblent à s'y méprendre à la réalité. Le cas de cette espèce qu'on connaît le mieux est celui de Nikolaï, qui a lu un mémoire, sur ce cas, à l'Académie de Berlin en 1799 et l'a fait ensuite imprimer à part. On trouve un cas semblable dans l'*Edimburgh Journal of Science, by Brewster*, vol. IV, n° 8, octobre-avril 1831 ; et plusieurs autres nous sont rapportés par Brierre de Boismont, *Des hallucinations*, 1845 ; 2ᵉ édition, 1852 : un livre très utile pour l'objet de notre recherche, auquel je me référerai souvent. En réalité, l'ouvrage

ne donne pas d'explications bien approfondies des phénomènes en question; il ne présente malheureusement pas une seule fois un ordre systématique réel mais seulement un ordre apparent. Il n'empêche que c'est une compilation très riche, faite avec perspicacité et critique, de tous les cas qui rentrent dans notre thème. Pour le point spécial, que nous considérons ici, nous avons à tenir compte particulièrement des *Observations* 7, 13, 15, 29, 65, 108, 110, 111, 112, 114, 115, 132. Mais d'une manière générale, il faut admettre et considérer que des faits, qui constituent l'objet tout entier de la présente recherche, pour un qui arrive à la connaissance du public, il y en a mille autres semblables, dont la connaissance, pour diverses raisons faciles à voir, ne dépasse jamais le cercle de l'entourage immédiat où ils se sont produits. Par suite la recherche scientifique, sur cet objet, se traîne depuis des centaines d'années, ou même des milliers d'années, toujours ayant à sa disposition les mêmes faits peu nombreux, des rêves vrais, des apparitions d'esprit, dont il s'est produit depuis des centaines de mille de cas analogues, qui ne sont pas arrivés à la connaissance du public et qui par suite n'ont pas pu prendre place dans la littérature du sujet. Comme exemple de ces cas devenus typiques à force d'être répétés un nombre incalculable de fois, je cite seulement le rêve vrai, que raconte Cicéron *de div.* I, 27 ; le spectre dont il s'agit dans la lettre de Pline à Sura, et l'apparition du fantôme de Marsile Ficin à son ami Mercatus, comme il avait été entendu entre eux de leur vivant. — Mais en ce qui touche les cas qui viennent en considération sous le présent chef, et dont le type est la maladie de Nikolaï, on les reconnaît tous pour des cas dûs à des causes anormales purement corporelles, dont le siège est exclusivement dans l'organisme, à ce fait d'abord qu'ils sont sans importance et qu'ils reviennent périodiquement et à cet autre qu'ils cèdent toujours à l'emploi des moyens thérapeutiques et particulièrement aux saignées. Ils rentrent donc, en tous cas, dans les hallucinations pures et simples, et même c'est ainsi qu'il faut proprement les appeler.

4) Ce qu'on trouve maintenant ensuite, c'est tout d'abord certaines apparitions, semblables du reste aux précédentes, de formes objectives et extérieurement existantes, qui se distinguent cependant par un caractère approprié au voyant, un caractère d'importance et la-

plupart du temps sinistre, et dont l'importance réelle est le plus souvent mise hors de doute par la mort bientôt prochaine de celui à qui se sont présentées ces apparitions. Il faut considérer comme le type des apparitions de cette espèce celle que cite Walter Scott, *on demonology and witchcraft, letter I*, et que reproduisit Brierre de Boismont, de l'officier de justice qui, tout un mois, vit toujours devant lui en chair et en os d'abord un chat, puis un maître de cérémonie, enfin un squelette, sur quoi il dépérit et finalement en vint à en mourir. Tout à fait de même nature est la vision de miss Lee à laquelle apparut sa mère pour lui annoncer le jour et l'heure de sa mort. Elle se trouve racontée pour la première fois dans le *Treatrise on spirits* de Beaumont (traduit en allemand par Arnold en 1721), puis dans les *Sketches of the philosophy of apparitions* de Hibbert, 1824, dans les *Signs before death*, 1825, de Hor. Welby, 1825. Elle se trouve également dans le livre *Von Geistern und Geistersehern* de H. Henning, 1780; et enfin dans Brierre de Boismont. Un troisième exemple de ces apparitions est l'histoire, que l'on trouve racontée dans le livre dont nous venons de parler de Welby (p. 156), de la femme Stephens qui, tout éveillée vit un cadavre assis sur sa chaise et mourut quelques jours après. Il faut faire rentrer, dans cette même catégorie, les cas où le patient s'apparaît à lui-même et où cette apparition annonce sa mort. Ce qui, au reste, n'a pas lieu toujours. Un cas remarquable de cette sorte et particulièrement bien attesté est mentionné par le médecin berlinois Formey dans son « Heidnische Philosophen ». On le trouve reproduit dans la *Deuteroscopie* de Horst, tome I, page 115, et aussi dans la *Zauberbibliothek* du même, tome I. Il faut cependant remarquer qu'ici l'apparition n'a pas été vue proprement par la personne qui est morte peu après et sans qu'on s'y attendît; mais seulement par des personnes la touchant de près. De ces cas où c'est la personne qui meurt qui s'apparaît à elle-même, Horst nous en rapporte un, dont il se porte lui-même garant, dans la 2e partie de sa *Deuteroscopie*, p. 138. Gœthe raconte qu'il s'est vu une fois lui-même à cheval et dans un costume avec lequel il a effectivement voyagé 8 ans plus tard au même endroit (*Aus meinem Leben*, 11 Buch). Cette apparition avait, disons le en passant, proprement pour but de le consoler ; puisqu'elle lui permit de se voir dans cet état où il devait, 8 ans plus tard, venir revoir, à cheval et parcourant la même route en sens opposé, l'amante dont il se séparait alors avec un tel déchirement de cœur. Cette vision écartait donc pour lui, pour un moment, le voile de l'avenir, pour lui annoncer, au milieu de son chagrin, le retour futur. — Les apparitions de cette sorte ne sont plus maintenant de simples hallucinations, mais des *visions* : puisqu'elles représentent quelque chose de réel, ou se rapportent à des événements futurs, des événements réels. Elles sont, par suite, à l'état de veille, ce que sont, dans le sommeil, les rêves fatidiques qui, comme nous l'avons dit, le plus souvent ont trait au propre état de santé de celui qui rêve, surtout quand cet état de santé laisse à désirer; — tandis que les simples hallucinations correspondent aux rêves ordinaires, sans signification.

L'origine de ces *visions pleines* de sens doit être cherchée dans ce fait, que ce mystérieux pouvoir de connaître que nous portons en nous, que ne limitent pas les rapports de temps et d'espace et auquel, dans cette mesure, rien n'est caché, mais qui ne se rencontre pas dans la conscience ordinaire; ce pouvoir de connaître, voilé pour nous et qui cependant rejette son voile dans le sommeil magnétique, — ce pouvoir, dis-je, a perçu une fois quelque chose de très intéressant pour l'individu; et la volonté, qui est le noyau même de l'homme, voudrait bien en donner communication à la Connaissance cérébrale. Mais cela n'est possible que par une opération qui réussit très rarement et qui consiste en ce que la volonté met en jeu l'organe du rêve à l'état de veille, et ainsi communique à la conscience cérébrale, sous forme de visions, d'apparitions visuelles, d'une signification directe ou allégorique, cette découverte qui l'intéresse. Et c'est ce qu'elle est parvenue à faire dans les cas que nous venons de citer. Ces cas se rapportent tous à l'avenir. Mais une chose se rapportant ainsi à l'avenir peut être révélée, sans qu'il soit nécessaire qu'elle touche la personne même, mais simplement une autre. Ainsi, par exemple, la mort présente de mon ami éloigné peut m'être révélée par son image m'apparaissant soudain, et aussi corporelle que son image pendant sa vie, sans que peut-être le mourant lui-même ait besoin d'être pour quelque chose en cela par la vivacité, en ce moment, de son souvenir à mon endroit. Ceci, au reste, peut se produire effectivement dans des cas d'une autre sorte que nous examinerons ci-dessous. Je n'ai, au reste, rapporté ce cas ici qu'à titre d'éclaircissement, puisque sous ce numéro il n'est proprement question que des visions où les voyants se voient eux-mêmes et qui correspondent aux rêves fatidiques qui leur sont analogues.

5) Maintenant, en retour, à ces rêves fatidiques qui se rapportent, non pas proprement à l'état de santé mais à des événements tout à fait extérieurs, correspondent certaines visions tout près des précédentes, qui font connaître non pas les dangers venus de l'organisme, mais ceux qui nous menacent du dehors, qui, à la vérité, passent sur nos têtes, sans que nous nous en doutions : auquel cas nous ne pouvons pas constater le rapport de la vision avec l'extérieur. Les visions de cette sorte veulent, pour devenir *visibles*, des conditions diverses, et principalement que le sujet en question ait la sensibilité propre pour cela. Si, au contraire, cette sensibilité n'existe, comme le plus souvent, qu'à faible degré, l'oreille seule sera affectée par l'apparition. Ce sera alors des bruits divers qui se manifesteront le plus souvent par des coups frappés qui se font entendre particulièrement la nuit, la plupart du temps vers le matin, et qui font qu'on se réveille et qu'on entend aussitôt à la porte de la chambre à coucher un bruit très

fort et ayant toute la netteté d'un coup réel. C'est encore des apparitions visuelles sous des formes qui prennent une importance allégorique, et qui ne se distinguent pas de la réalité. C'est encore des apparitions visuelles, que nous voyons se produire, quand un très grand danger menace notre vie, ou bien encore quand nous venons d'échapper, sans le bien savoir, à des dangers de cette sorte. Ces apparitions viennent alors, pour ainsi dire, nous féliciter et nous aviser que nous avons encore devant nous beaucoup d'années à vivre. Mais finalement des visions de cette sorte viendront aussi nous annoncer un malheur fatal. C'est à cette catégorie qu'appartient la vision bien connue de Brutus avant la bataille de Philippes, qui se présente à lui comme étant l'apparition de son mauvais génie. Comme encore la vision, tout analogue, de Cassius de Parme, après le combat d'Actium, que nous rapporte Valerius Maximus (Livre I, ch. vii, § 7). Je m'imagine volontiers que les visions de cette sorte sont ce qui a surtout donné lieu, chez les anciens, au mythe de ce génie, que chacun de nous a pour s'occuper de lui, chez les chrétiens à celui du *spiritus familiaris*. Aux siècles du moyen âge, on cherchait à expliquer ces visions par les esprits astraux, comme en témoigne un passage de Théophr. Paracelse, que j'ai rapporté ailleurs : « Mais pour que chacun connaisse sa destinée, c'est un fait que tout homme a un esprit qui habite en dehors de lui et a son siège dans les étoiles supérieures. Il se sert des *Bossen* de son maître (les Bossen sont des types fixes pour des travaux élevés ; de là le mot Bossiren (travailler en bosse). C'est ce même esprit qui montre à l'homme les présages avant et après; puisque ces esprits restent après lui. Ce sont ces esprits qui s'appellent le destin (fatum). » Aux XVIIe et XVIIIe siècles, au contraire, on employait, pour expliquer ces apparitions, comme beaucoup d'autres, les mots *spiritus vitales,* qui se trouvaient là, juste à temps, pour suppléer à l'absence d'idées. Les causes réelles plus lointaines des visions de cette sorte ne peuvent pas manifestement se trouver uniquement dans l'organisme, dans le cas où leur rapport avec un danger extérieur est bien établi. Jusqu'à quel point nous pouvons arriver à comprendre la nature des liens existant entre ces visions et le monde extérieur, c'est ce que je rechercherai plus tard.

6) Les visions, qui, à la vérité, ne concernent plus les voyants et cependant présentent immédiatement aux yeux, avec pré-

cision et souvent avec toutes leurs particularités, des événements futurs, qui doivent arriver un peu plus tôt ou un peu plus tard après, ces visions sont proprement celles de personnes douées d'un don rare qu'on appelle *second sight,* la seconde vue ou deutéroscopie. Une riche compilation de récits relatifs à ces faits se trouve contenue dans la *Deuteroscopie* de Horst, 2 vol. 1830. On trouve encore de nouveaux faits de cette espèce dans les divers volumes de l'*Archiv* de Kieser. Il ne faut pas considérer l'Ecosse et la Norvège comme les seuls pays où l'on rencontre cette rare capacité des visions de cette sorte. Ce don, surtout en ce qui concerne les cas de mort, existe aussi chez nous. On trouve des récits là-dessus dans la « Théorie der Geisterkunde » de Iung-Stilling, § 153 et suivants. La célèbre prophétie de Cazotte paraît rentrer dans la même catégorie. Parmi les nègres de la côte du Sahara, le don de seconde vue se rencontre également très souvent (V. James Richardson, *Narrative of a mission to Central Africa,* London, 1853). Même déjà dans Homère nous trouvons (Od. XX, 351-357) un fait de réelle deutéroscopie, qui a une étroite ressemblance avec l'histoire de Cazotte. Nous avons un autre cas de deutéroscopie de même sorte dans Hérodote, livre VIII, ch. LXV. Dans ces faits de seconde vue, la vision, provenant comme toujours de l'organisme, atteint donc le plus haut degré de vérité objective, réelle, et par là, trahit un mode de rapport avec le monde extérieur, tout à fait différent du mode de rapport ordinaire, du rapport physique. Elle marche, comme à l'état de veille, tout à fait parallèlement avec la clairvoyance somnambulique portée à son plus haut degré. C'est proprement un rêve vrai à l'état de veille, ou tout au moins dans un état, qui interrompt, pour quelques instants, l'état de veille. Même il arrive que la vision de la seconde vue, tout comme le rêve vrai, n'est pas, dans beaucoup de cas, théorématique mais allégorique ou symbolique ; mais, — chose au plus haut point digne de remarque, — symbolique d'après des symboles toujours les mêmes, qui se présentent chez tous les voyants avec la même signification : on trouvera ces symboles spécifiquement désignés dans le livre de Horst plus haut cité, t. I, p. 63-69, et aussi dans l'*Archiv* de Kieser, t. VI, ch. III, p. 105-108.

7) La contre-partie des visions dont nous venons de parler, et qui ont trait à l'avenir, nous est fournie par celles qui présentent à

l'organe du rêve, entrant en jeu à l'état de veille, le passé, notamment les formes corporelles des personnes ayant vécu autrefois. Il est assez certain que ce qui peut donner lieu à ces visions c'est le voisinage des restes mortels des personnes en question. Cette très importante expérience, par laquelle s'explique une foule d'apparitions d'esprits, a sa confirmation la plus forte et peu commune dans une lettre du professeur Ehrmann, le beau-fils du poète Pfeffel, reproduite *in extenso* dans l'*Archiv* de Kieser, t. X, partie III, page 151 et suiv. : mais on trouve des extraits de cette lettre dans beaucoup de livres : par exemple dans le *Somnambulisme* de Fischer, t. I, p. 246. Elle est encore confirmée, outre cela, par beaucoup de cas qui s'expliquent de la même façon. Il faut citer en première ligne l'histoire de Pastor Lindner, dont on parle dans cette même lettre et d'après de bonnes sources, reproduite également dans beaucoup de livres et entre autres, dans la *Voyante de Prévorst* (Seherin von Prevorst) (t. II, p. 98, de la première édition, et p. 356 de la 3e). De la même sorte est encore une histoire dont Fischer nous donne connaissance en son propre nom, dans le livre de lui que nous avons déjà cité (p. 252), d'après des témoins oculaires, et qu'il cite comme justification de la courte notice que l'on trouve dans la *Voyante de Prévorst* (p. 358 de la 3ᵉ édition). Nous trouvons ensuite dans les *Unterhaltungen über die auffallendesten neuern Geistererscheinungen* de G.-J. Wenzel, 1800, juste dans le premier chapitre sept histoires d'apparitions, toutes semblables, qui toutes ont pour point de départ le voisinage des restes de certains défunts. L'histoire de Pfeffel y figure la dernière; mais les autres, toutes également, présentent le caractère de la vérité et pas du tout celui d'un mensonge inventé. Même elles se contentent toutes de mentionner la simple apparition des formes du défunt sans insister autrement ou dramatiser la chose. Elles méritent donc, au point de vue de la théorie de ces phénomènes, toute considération. Les explications d'ordre purement rationaliste, que l'auteur du livre en donne, peuvent servir à mettre en pleine lumière la parfaite insuffisance de pareilles solutions. Dans le livre cité de Brierre de Boismont nous relèverons encore la quatrième observation; sans compter beaucoup d'histoires d'apparitions d'esprits qui nous sont transmises par les auteurs anciens, par exemple celle que nous raconte Pline le

Jeune (L. VII, epist. 27), digne d'attention déjà pour cela seul qu'elle présente les mêmes caractères qu'une infinité d'autres de l'époque moderne. Une autre histoire tout à fait semblable, et qui n'est peut-être qu'une autre version de la même, est celle que nous rapporte Lucien dans le *Philopseudes*, chap. xxxi. De la même nature encore est le récit *de Cimon* dans le premier chapitre de la *Vie de* Cimon de Plutarque ; encore de la même nature ce que nous rapporte Pausanias (*Attica*, 32) du champ de bataille de Marathon : à rapprocher de cela ce que Brierre rapporte p. 590 ; enfin les indications de Suétone dans *Caligula*, chap. lix. D'une manière générale c'est au fait dont nous parlons, qu'il faudrait ramener tous les cas où les esprits apparaissent toujours au même endroit, où le bruit est intérieurement attaché à une localité déterminée : des églises, des cimetières, des champs de bataille, les lieux où ont été commis des crimes, des tribunaux criminels, et ces maisons maudites pour une de ces raisons, que personne ne veut habiter et qu'on rencontre toujours çà et là. Moi-même, au cours de ma vie, j'en ai rencontré plusieurs. Ces lieux ont donné naissance au livre du jésuite Petrus Thyræus : *De infestis, ob molestantes daemoniorum et defunctorum spiritus locis*, Köln, 1598. — Mais parmi tous ces faits le plus remarquable est peut-être celui qui fait l'objet de l'observation 77 de Brierre de Boismont. Comme confirmation remarquable de notre explication de ces apparitions d'esprits, ou même comme un anneau de la chaîne de raisonnements qui y conduit, nous pouvons citer la vision d'une somnambule que nous communique Kerner dans les *Blättern aus Prevorst*, Samml. 10, p. 61. A cette somnambule se présente soudain à l'esprit une scène de famille qu'elle décrit exactement et qui s'était passée là même plus de cent ans auparavant : les acteurs de la scène tels qu'elle les dépeignait ressemblaient absolument à des portraits existant encore qu'elle n'avait cependant jamais vus.

Mais l'expérience fondamentale si importante, qui nous intéresse ici, à laquelle se ramènent tous ces faits, et que j'ai appelée la *retrospective second sight*, doit continuer à rester elle-même le *phénomène premier* (Urphänomen); parce que, pour en tenter l'explication, nous n'avons aucun moyen. En attendant, elle se présente très étroitement unie à un autre phénomène également aussi inexplicable; et ce rapprochement est déjà d'importance, puisque, au lieu de deux grandeurs inconnues, nous n'avons plus affaire qu'à une : ce qui est un avantage analogue à l'avantage si certain que nous retirons de la réduction du magnétisme animal à l'électricité. De même donc qu'une somnambule, à un haut degré clairvoyante, n'est pas limitée dans sa perception par le temps, mais que parfois même elle prévoit réellement des événements futurs et qui se produisent tout à fait accidentellement; de même que le même fait a lieu, d'une manière plus frappante encore, pour ceux qui ont le don de seconde vue et ceux qui ont la faculté de voir les restes mortels des personnes défuntes : de même donc que les faits, qui ne sont pas encore entrés dans notre réalité empirique, peuvent cependant, de la nuit de l'avenir, agir déjà sur les personnes de cette espèce et venir dans le cercle de leur perception ; — de même aussi bien les faits et les hommes, qui ont déjà existé réellement une fois, quoique n'étant plus, peuvent agir sur certaines personnes particulièrement disposées pour cela ; et, tout comme ces choses agissaient d'avance, peuvent agir après. Même ce dernier fait est moins incompréhensible que le premier, surtout s'il y a, pour nous mettre sur la voie de cette conception, quelque chose de matériel comme les restes corporels encore réellement existants des personnes qui font l'objet de ces perceptions, ou des choses qui leur ont été étroitement rattachées : leurs vêtements, par exemple, la chambre habitée par elles ou encore les choses qui leur tenaient au cœur, comme un trésor caché. Cela d'une manière tout à fait analogue à la manière dont la somnambule très clairvoyante est parfois mise en rapport, par l'intermédiaire d'un objet corporel comme un mouchoir que le malade a porté sur lui quelques jours (*Kaiser's Archiv*, III, 3, p. 24) ou une mèche de cheveux, avec les personnes lointaines sur l'état de santé desquelles on l'interroge et dont par là elle perçoit l'image. Ce cas est tout à fait voisin du nôtre. Les apparitions d'esprits, se rattachant à des localités déterminées, ou aux restes mortels reposant tout près de personnes défuntes, ces apparitions d'esprits ne seraient, conséquemment, que les perceptions d'une deutéroscopie à rebours, d'une deutéroscopie dirigée vers le passé, — *une retrospective second light*. Ce serait proprement ce que déjà les anciens (dont toute la conception du royaume des ombres est sortie, peut-être, des apparitions d'esprits : qu'on consulte là-dessus l'*Odyssée*, XXIV), nommaient les ombres, *umbræ*, εἴδωλα καμόντων, — νεκύων ἀμενηνὰ κάρηνα, — manes (de *manere*, c'est-à-dire ce qui subsiste, les traces); donc des échos des phénomènes d'autrefois, de ce monde phénoménal qui se présente à nous sous les formes du temps et de l'espace, perçus maintenant par l'organe du rêve, dans de rares cas pendant l'état de veille, plus aisément dans le sommeil comme simples rêves; et, comme il faut s'y attendre, avec plus de facilité encore dans le sommeil magnétique profond, quand, alors, on arrive à rêver tout éveillé et que ce rêve devient de la clairvoyance; mais encore aussi dans cet état de veille somnolente naturelle, dont il a été question tout au commencement, que nous avons décrit comme un rêve vrai de ce qui entoure immédiatement le dormeur, et qui ne se fait reconnaître pour un état distinct de l'état de veille que lorsque se présentent ces formes étrangères de l'entourage immédiat. Dans cet état de veille somnolente, c'est, le plus souvent, les formes des personnes défuntes, dont le cadavre est encore dans la maison, qui s'offrent; tout comme en général, conformément à la loi, qui veut que cette deutéroscopie, tournée vers le passé, soit provoquée par la présence des restes mortels des défunts, c'est la forme du défunt, qui n'est pas encore enterré, qui s'offre de préférence, même à l'état de veille, aux personnes disposées pour cela ; bien que ce soit toujours seulement par l'organe du rêve qu'elle soit perçue.

On comprend alors, par ce qui a été dit, qu'à un spectre apparaissant de cette manière, il ne faille pas attribuer la réalité immédiate d'un objet présent, bien qu'il ait cependant pour cause *médiate* une réalité. Ce qu'on voit là, ce n'est pas le défunt lui-même, mais un simple εἴδωλον, une image de celui qui a été une fois, une image naissante dans l'organe de rêve d'un homme disposé pour cela, et à laquelle donne lieu un reste quelconque, une trace laissée. Cette image n'a par suite pas plus de réalité que l'apparition de celui qui se voit lui-même, ou encore est vu par d'autres là où il ne se trouve pas. Mais des cas de cette sorte sont connus par des témoins dignes de foi, et on en trouve rassemblés quelques-uns dans la *Deutéroscopie* de Horst, t. II, 4e partie. Le cas de Gœthe, que nous avons cité, rentre dans cette catégorie ; de même aussi le fait non rare que les malades, au moment de

mourir, s'imaginent être deux dans leur lit :
« Comment cela va-t-il? » demandait un médecin à un malade à toute extrémité. « Mieux, depuis que nous sommes deux dans le lit, » fut la réponse; et le malade mourut aussitôt après. — Une apparition d'esprit, de la sorte de celle que nous avons dite, se trouve donc avoir un rapport réel à l'état antérieur de la personne, qui apparaît, mais non pas à son état présent. Cette dernière n'a, en effet, aucune part active à l'apparition : on ne saurait donc, par suite, conclure de là à la persistance de son existence individuelle. Avec cette explication s'accorde tout à fait le fait que les défunts, qui apparaissent ainsi, sont d'ordinaire vus avec les habits et l'accoutrement, qui leur étaient habituels; comme aussi ce fait que l'assassin paraît avec sa victime, le cheval avec le cavalier, etc. Il faut vraisemblablement faire figurer, parmi les visions de cette sorte, les spectres vus par la voyante de Prévorst. Quant aux conversations qu'elle tenait avec eux, il faut les considérer comme l'œuvre de sa propre imagination, qui animait cette procession de personnages muets (dumb shew) et en donnait l'explication qu'elle pouvait. L'homme est naturellement porté à expliquer d'une

façon quelconque tout ce qu'il voit, tout au moins à y introduire un certain ordre et même à prêter aux choses avec son langage ses propres pensées. C'est ainsi que les enfants font dialoguer entre elles les choses inanimées. Conséquemment, c'était la voyante elle-même qui, sans le savoir, était le souffleur de ces formes apparaissantes ; et sa force d'imagination était une manifestation de cette activité inconsciente, par laquelle, dans le rêve ordinaire et insignifiant, nous imprimons aux choses une direction, nous les ajustons entre elles, trouvant même parfois prétexte à cela dans les circonstances objectives, accidentelles qui peuvent se produire : par exemple une gêne ressentie au lit, un bruit venu de dehors, une odeur, lesquelles choses suffisent pour nous faire rêver de longues histoires. Pour l'explication de cette dramaturgie de la voyante, qu'on voie dans l'*Archiv.* de Kieser, t. XI, 1re partie, p. 121, ce que Bende Bendsen raconte de sa somnambule, à laquelle apparaissaient parfois, dans le sommeil magnétique, ses connaissances encore en vie, auxquelles elle tenait alors de longs discours. On lit : « Dans les nombreuses conversations qu'elle tenait avec les absents, ce qu'il y a de plus caractéristique, c'est que, pendant la prétendue réponse de son interlocuteur imaginaire elle se taisait, manifestait une grande attention, se dressait sur son lit, tournant la tête d'un certain côté pour écouter les réponses et répliquer elle-même. Elle s'imaginait avoir présente devant elle la vieille *Karen* avec sa servante et parlait alternativement avec celle-ci et avec celle-là.... Ce dédoublement apparent de sa propre personnalité en trois personnes diverses, comme c'est l'ordinaire dans le rêve, allait si loin, que je ne pouvais pas convaincre la voyante que c'était elle-même qui faisait les trois personnages. » De cette sorte, à mon avis, sont donc aussi les conversations d'esprits de la voyante de Prévorst; et cette explication trouve une confirmation sérieuse dans l'inexprimable absurdité du texte de ces dialogues et de ces drames, qui répondent tout juste à la mentalité d'une montagnarde ignorante, avec la métaphysique populaire qui peut être la sienne, et auxquels on ne saurait attribuer de réalité objective, qu'à la condition d'admettre la possibilité d'un ordre du monde d'une absurdité sans limite, d'une sottise révoltante, et telle qu'on devrait avoir honte d'en entendre parler. Si Kerner, si prévenu et si crédule, n'avait pas eu secrètement un obscur sentiment que ces entretiens des esprits ont bien l'origine que nous venons de dire, il n'aurait pas, partout et dans chaque circonstance avec une si injustifiable légèreté, négligé de rechercher avec le plus grand sérieux les objets matériels dont parlaient les esprits : les écritoires dans les cryptes des églises, les chaînes d'or dans les souterrains des châteaux, les cadavres des enfants enterrés dans les écuries, au lieu de s'en laisser détourner par les obstacles les plus insignifiants. De telles recherches auraient jeté la plus grande lumière sur ces choses.

D'une manière générale, je crois que la plupart des apparitions, réellement vues, de personnes défuntes, appartiennent à cette catégorie de visions; et que conséquemment il y a bien derrière une réalité objective, mais une réalité passée, d'aucune façon une réalité présente. Ainsi, par exemple, l'apparition du président de l'Académie de Berlin, *Maupertuis*, dans la salle de l'Académie, au botaniste Gleditsch; apparition rapportée par Nikolaï dans sa communication, dont nous avons déjà parlé, à cette même Académie. De même l'histoire, racontée par Walter Scott dans l'*Edinb. Review* et reproduite par Horst dans sa *Deutéroscopie*, t. I, p. 113, du

Landammann suisse qui, entrant dans la bibliothèque publique, vit son prédécesseur présidant solennellement, assis dans le fauteuil de la présidence, une assemblée de conseillers tous notoirement défunts. De quelques récits de cette sorte il résulte même que, pour donner lieu à ces visions, il n'est nullement nécessaire qu'il y ait la circonstance objective de l'existence d'un squelette ou de tout autre reste d'un cadavre, mais qu'il suffit pour cela de quelque chose ayant été en contact avec le défunt. Ainsi, par exemple, sur les sept histoires de cette sorte, que nous trouvons rapportées dans le livre ci-dessus mentionné de Wenzel, il y en a six où c'est le cadavre qui joue ce rôle de circonstance déterminante, mais une où c'est simplement la robe toujours portée par le défunt, qui, enfermée aussitôt après sa mort et mise au jour quelques semaines après, provoque son apparition corporelle aux regards de la veuve désolée de cela. Il se pourrait ainsi que des traces plus légères encore, à peine perceptibles à nos sens, comme par exemple des gouttes de sang bues depuis longtemps dans le sol, ou peut-être le simple local, entouré de murs, où quelqu'un en proie à l'angoisse et au désespoir, a subi une mort violente, — fussent suffisantes pour provoquer chez la personne disposée pour cela de semblables faits de deutéroscopie tournée vers le passé. A cela se rapporte, peut être, l'opinion des anciens que mentionne Lucien (*Philopseudes*, ch. XXIX), que seuls les individus morts d'une mort violente peuvent apparaître. Il se pourrait tout aussi bien qu'un trésor soigneusement caché par le défunt et surveillé avec une constante angoisse, auquel sont attachées ses pensées suprêmes, fût le point de départ objectif, dont nous nous occupons, d'une vision de cette sorte, qui ensuite pourrait être exploitée lucrativement. Ces susdites circonstances déterminantes objectives jouent, dans cette connaissance du passé réalisée par l'organe du rêve, jusqu'à un certain point, le rôle que fait jouer aux objets de la pensée, dans son état normal, le *nexus idearum* (l'association des idées). Il reste vrai des perceptions, dont il s'agit ici, ce qui l'est des perceptions possibles, à l'état de veille, par l'organe du rêve, qu'elles viennent plus facilement à la conscience sous forme de bruits que sous forme de visions; que par suite on entend parler bien plus souvent de bruits, entendus ici ou là, que d'apparitions visuelles.

Quand nous entendons raconter, à propos d'histoires comme celles dont nous nous occupons, que les défunts apparaissant auraient révélé aux personnes, auxquelles elles apparaissent, certains faits jusqu'alors inconnus d'elles, il convient tout d'abord de ne pas admettre ces faits jusqu'à ce qu'on en ait les preuves les plus sûres, et, jusqu'à ce moment, de les révoquer en doute. Il ne faut cependant pas perdre de vue ensuite que cela s'expliquerait à la rigueur par certaines analogies que le fait présenterait avec la clairvoyance des somnambules. Il est certain que beaucoup de somnambules ont, dans des cas particuliers, dit aux malades qu'on leur amenait, quelle était la circonstance accidentelle et lointaine qui était cause de leur maladie et leur ont aussi rappelé un incident presque complètement oublié (des exemples de cette sorte sont dans l'*Archiv* de Kieser, tome III, n° 3, p. 70), la peur de tomber d'une échelle et, dans la *Geschichte Zweier Somnambulen*, p. 189, la remarque faite à l'enfant qu'il a dormi autrefois, il y a longtemps, auprès d'une personne épileptique. C'est ici qu'il faut aussi placer le fait que quelques personnes clairvoyantes ont su parfaitement reconnaître, à une mèche de cheveux ou à son mouchoir, une personne qu'elles n'ont jamais vue et ont dit quel était son état de santé. Donc il n'est pas vrai que les révélations elles-mêmes prouvent nécessairement la réalité de la présence d'un défunt.

Quant au fait que les formes sous lesquelles apparaît le défunt se laissent parfois voir et entendre par deux personnes en même temps, on peut l'expliquer de même par cette faculté bien connue de contagion qui caractérise aussi bien le somnambulisme que le don de seconde vue.

Il s'ensuit donc que, dans le présent paragraphe, nous aurions expliqué tout au moins le plus grand nombre de cas d'apparitions certaines de formes de défunts en les ramenant tous à une cause commune, la *deutéroscopie rétrospective*, qui, dans un grand nombre de ces cas, notamment ceux que nous avons énumérés au commencement du paragraphe, ne saurait être méconnue. — Maintenant cette *deutéroscopie rétrospective* elle-même est un fait au plus haut point rare et inexplicable. Mais il y a beaucoup de choses, où nous devons nous contenter d'une semblable explication. La grande théorie de l'Electricité tout entière, ne consiste guère qu'à ramener des phénomènes divers à un phénomène primaire qui reste inexpliqué !

8) Il suffit qu'une personne pense fortement et passionnément à nous pour susciter dans notre cerveau la vision de sa forme et non pas seulement à titre de simple imagination, mais de telle sorte que cette vision se présente à nous comme une vision corporelle, qu'on ne saurait distinguer de la réalité. Ce sont notamment les mourants qui manifestent ce pouvoir, et qui, à l'heure de la mort, apparaissent par suite à leurs amis absents, à plusieurs à la fois et en différents lieux. Le cas a été si souvent affirmé et témoigné de différents côtés que je le considère indubitablement comme certain. On trouve de cela un très bel exemple, et où il s'agit de personnes distinguées, dans la *Théorie der Geisterkunde* de Iung-Stilling, § 198. Deux autres exemples particulièrement frappants, ce sont ensuite l'histoire de la femme Kahlow, dans le livre plus haut cité de Wenzel, p. 11, et celle du prédicateur de la Cour, dans le livre également mentionné de Henning, p. 329. Comme un exemple tout à fait nouveau, je puis ici mentionner le suivant. Il y a peu de temps mourait, ici à Francfort, à l'hôpital juif, de nuit, une servante malade. Le

matin suivant, tout à fait de bonne heure, ses sœurs et sa mère, dont l'une habite ici et l'autre à un mille de là, se présentèrent chez ses maîtres pour demander de ses nouvelles ; parce qu'elle leur avait apparu à toutes les deux dans la nuit. Le directeur de l'hôpital, dont on tient le fait, affirmait que de tels cas ne sont pas rares. Qu'une somnambule clairvoyante qui tombe, toutes les fois, au plus fort de sa crise, dans un état de catalepsie qui a toutes les apparences de la mort, soit corporellement apparue à son amie, c'est ce que témoigne l'histoire déjà mentionnée de Auguste Müller de Karlsruhe ; et le cas est encore cité dans l'*Archiv* de Kieser III, 3, p. 118. Une autre apparition volontaire de la même personne nous est communiquée, sur des sources dignes de foi, dans l'*Archiv* de Kieser, VI, 1, p. 34. — Il arrive bien plus rarement, au contraire, que des hommes, en pleine santé, puissent agir de cette façon. Il ne manque cependant pas, sur ce point encore, de récits dignes de foi. Le plus ancien nous est transmis par saint Augustin, de seconde main, il est vrai, mais, si on l'en croit, de source excellente : *De civit. Dei* XVIII, 18 : *indicavit et alius se domi suae*, etc... On voit ici que ce que l'un rêve paraît à l'autre, dans l'état de veille, une vision qu'il tient pour réelle. Un cas tout analogue à celui-ci nous est communiqué par le journal américain, le *Spiritual Telegraph*, du 23 septembre 1854. Dupotet nous donne, dans son *Traité complet du magnétisme*, 3° édition, p. 561 une traduction française du passage. Nous trouvons un autre cas de même sorte dans la relation que je viens de citer du tome VI, 1, 35 de l'*Archiv* de Kieser. Une histoire merveilleuse, qui rentrerait dans la même espèce, nous est racontée par Iung-Stilling dans sa *Théorie der Geisterkunde* § 101; malheureusement on ne nous donne pas d'indication de sources. Horst en a rassemblé plusieurs autres encore dans sa *Deutéroscopie*, tome II, chapitre iv. Mais un exemple, au plus haut point remarquable, de cette faculté d'apparaître à autrui, une faculté, outre cela passant du père à l'enfant et exercée par tous les deux très souvent, sans le vouloir, nous est fournie par l'*Archiv* de Kieser, tome VII, partie 3, p. 158. On en trouve cependant un exemple plus ancien encore, mais tout à fait semblable à celui-ci, dans les *Gedanken von der Erscheinung der Geister* de Zeibich, 1776, p. 29. Henning le reproduit dans son livre « von Geistern und Geistersehern », p. 476. Comme les deux cas nous sont présentés certainement indépendamment l'un de l'autre, ils se confirment mutuellement en cette matière si hautement merveilleuse. Dans le tome IV, 2, p. 111 de la *Zeitschrift für Antropologie* de Nasse, le professeur Grohmann nous communique un cas semblable. Dans les *Signs before death* de Horace Welby, London, 1825, on trouve également quelques cas d'apparitions de personnes vivantes en des endroits où elles n'étaient présentes que par leur pensée : par ex. p. 45, 88. Tout particulièrement dignes de foi nous paraissent les cas de cette espèce, que nous raconte, sous le titre de « Doppelgänger » (les doubles), le très honorable Bende Bendsen dans l'*Archiv* de Kieser, VIII, 3, p. 120. — Le pendant des visions, dont il s'agit ici et qui se produisent à l'état de veille, sont, pendant le sommeil, les rêves *symphatiques*, c'est-à-dire, ceux qui se communiquent *in distans,* qui donc sont rêvés par deux personnes au même moment et d'une manière toute semblable. Des exemples de ces rêves sont assez connus : on en trouve un bon recueil dans E. Fabius, *De somniis,* § 21, et, entre autres, un cas particulièrement intéressant en langue hollandaise. Dans l'*Ar-*

chiv de Kiéser, tome VI, partie 2, p. 135, il y a encore le mémoire tout à fait remarquable de H. M. Wesermann, qui contient l'indication de 5 cas, où l'auteur lui-même a suscité volontairement, par l'action de sa *volonté*, en autrui certains rêves déterminés. Mais comme dans le dernier cas, la personne en question, sur laquelle il fallait agir, n'était pas encore allée au lit, elle avait, avec une autre qui se trouvait auprès d'elle, eu, tout éveillée, la vision qu'on voulait lui suggérer et cette vision lui avait fait l'effet de la réalité. Conséquemment tout comme dans ces rêves, dans les visions de cette sorte qui se produisent à l'état de veille, c'est l'organe du rêve qui est le moyen de la vision. L'intermédiaire, l'anneau qui reliera les deux fragments de la chaîne sera l'histoire mentionnée plus haut, que nous devons à saint Augustin, et où nous voyons ce que l'on rêve simplement apparaître à l'autre dans l'état de veille. On trouve deux cas tout à fait semblables dans les *Signs defore death* de Hor. Welby, p. 266 et 297 ; le dernier emprunté à l'*Invisible world* de Sainclair. Visiblement donc, les visions de cette espèce, quelque apparence concrète et corporelle que revête en elles la personne qui apparaît, ces visions se produisent non pas par l'action du dehors sur les sens, mais par le moyen d'une action magique de la volonté de celui dont elles viennent sur l'autre, donc sur l'être en soi d'un organisme étranger, affecté par là d'un changement dont la cause est tout intérieure, et qui, agissant alors sur son cerveau, y éveille l'image de celui qui agit, avec la même vivacité que pourrait le faire une action résultant des rayons de lumière projetés par son corps sur les yeux de l'autre.

Justement ces *doubles*, dont nous nous occupons ici, qui se produisent dans les cas où la personne qui apparaît est notoirement en vie mais est absente, même d'ordinaire ne sait rien de son apparition, ces *doubles* nous donnent justement le vrai point de vue d'où il faut considérer l'apparition des mourants et des défunts, donc les apparitions d'esprits proprement dites. Par eux nous voyons, en effet, qu'une présence réelle immédiate, comme celle d'un corps agissant sur les sens, n'est nullement la condition nécessaire de telles apparitions. C'est cette condition qui constitue le vice fondamental de toutes les façons dont anciennement on concevait les apparitions d'esprits, que ces façons de les concevoir aboutissent à la négation ou à l'affirmation de la réalité du phénomène. Et à son tour cette condition suppose qu'on s'était placé au point de vue du *spiritualisme*, au lieu de se placer à celui de l'*idéalisme*. D'après la doctrine spiritualiste le point de départ, que rien ne justifiait, c'était, en effet, que l'homme est un composé de deux substances tout à fait diverses, une substance matérielle, le corps, et une substance immatérielle, ce qu'on appelle l'âme. Après la séparation, réalisée par la mort, de ces deux substances, la dernière, quoique immatérielle, simple et inétendue, doit cependant encore exister dans l'espace, à savoir se mouvoir, aller de-ci et de-là, agir du dehors sur les corps, donc sur les sens comme le ferait un corps, et conséquemment aussi se présenter comme un corps ; toutes choses qui supposent, à la vérité, comme condition la même présence réelle dans l'espace que celle dont jouit le corps que nous voyons. Contre cette conception spiritualiste, tout à fait intenable, des apparitions d'esprits valent toutes les objections que la raison permet de faire de ce point de vue et aussi l'éclaircissement critique que Kant donne de la chose, et qui fait la première partie ou la partie théorique de ses *rêves* d'un voyant : *Traüme eines Geistersehers erlaütert durch Traüme der Meta-*

physik ». Cette conception spiritualiste donc, qui consiste à admettre une substance immatérielle et cependant mobile dans l'espace et en même temps, à la manière de la Matière, agissant sur les corps, donc sur les sens, il faut tout à fait, si on veut se faire une juste idée des phénomènes en question, la mettre de côté ; et, au lieu de se placer à ce point de vue, se placer au point de vue idéaliste, d'où ces choses se présentent à nous sous un tout autre jour, et d'où nous pouvons juger tout autrement du possible et de l'impossible. Nous mettre à même de faire cela, c'est là justement le but du présent mémoire.

9) Le cas qui s'offre, en dernier lieu, à notre considération serait maintenant celui où l'action magique, décrite dans le numéro précédent, pourrait être excercée même encore après la mort : ce qui ferait qu'il y aurait proprement apparition d'esprit résultant d'une action directe de la personne défunte, donc, jusqu'à un certain point, présence réelle personnelle d'un individu déjà mort, sur lequel, de son propre gré, il serait permis de réagir. Nier *a priori* la possibilité du fait et le tourner en dérision, comme on le fait d'ordinaire, dans le camp opposé, ne peut avoir d'autre base que la conviction que la mort est la fin

absolue de l'homme; à moins que cette conviction ne s'appuyât sur la croyance de l'Eglise protestante, d'après laquelle les esprits ne pourraient pas apparaître pour cette raison que, suivant qu'ils ont eu la foi ou non, pendant leurs quelques années de vie terrestre, ils vont, tout aussitôt après la mort, jouir pour toujours au ciel des joies éternelles ou en enfer subir les peines également éternelles, et qu'ils ne peuvent jamais en sortir. Par suite, d'après la croyance protestante, toutes les apparitions de cette espèce viennent du diable ou des anges, mais jamais des esprits des hommes ; comme cela a été exposé tout au long et fondamentalement par Lavater, de *spectris*, Genève, 1580, pars II, cap. III et IV. L'Eglise catholique, au contraire, qui déjà au VI° siècle, a dû notamment à Grégoire le Grand de voir très heureusement améliorer ce dogme absurde et révoltant par l'admission du purgatoire et l'intercalation de ce terme moyen entre les deux termes de cette alternative désespérée ; l'Eglise catholique admet l'apparition des esprits qui se trouvent momentanément dans le purgatoire, et même, à titre exceptionnel, l'apparition des autres ; comme il est tout au long expliqué dans le livre déjà cité de Petrus Thyraeus *de locis infestis*, pars

I, cap. 3 et suiv. Les protestants se voyaient contraints, par le dilemne ci-dessus, à s'y prendre de toute manière pour maintenir l'existence du diable, pour cette simple raison qu'ils ne pouvaient se passer de lui pour expliquer ces apparitions d'esprits, qu'on ne pouvait pas nier. Aussi, encore au commencement du XVIIIe siècle, ceux qui nient le diable, sous le nom d'*Ademonistœ*, sont-ils l'objet de la même pieuse horreur (*pius horror*) que le sont, de nos jours, les *Atheistœ*. Et, en même temps, comme il est naturel, les spectres étaient tout aussitôt définis, par ex : dans le *Schediasma polemicum, an dentur spectra, magi et sagae* de C. F. Romani, Lipsiæ, 1703, comme des *apparitiones et territiones Diaboli externae, quibus corpus, aut aliud quid in sensus incurrens sibi assumit, ut homines infestet*. Peut-être tient-il à cela que les procès de sorcellerie, qui, comme on le sait, supposent des communications avec le diable, aient été beaucoup plus fréquents chez les protestants que les catholiques. — Cependant, abstraction faite de ces vues mythologiques, je disais plus haut qu'on ne peut rejeter *à priori* la possibilité de l'apparition réelle des défunts qu'en se fondant sur la conviction que, par la mort, l'homme tombe tout à fait dans le néant.

En dehors de cette conviction, on ne voit pas, en effet, pourquoi un être qui existe encore quelque part, ne *devrait* même pas se manifester et pourquoi pas agir sur un autre être, quoique se trouvant dans de tout autres conditions que ce dernier. Par suite Lucien fait preuve d'autant de logique que de naïveté lorsque, après avoir raconté comment Démocrite ne s'était laissé faussement émouvoir, à aucun moment, à une machination d'apparition d'esprit arrangée tout exprès pour l'effrayer, il ajoute : οὕτω βεβαίως επίστευε, μηδὲν ειναι ψυχας ετι,ε ξω γενομενας των σωματων : (adèo persuasum habebat, nihil adhuc esse animas a corpore separatas). Philops. 32. — Si, au contraire, il y a en l'homme, en dehors de la matière, quelque chose d'indestructible qui survive à la mort, on ne voit pas, tout au moins *a priori*, que ce principe, auquel on doit le phénomène merveilleux de la vie, la vie terminée, doive être tout à fait incapable d'action sur ceux qui vivent encore. Ce ne serait seulement qu'*a posteriori*, par l'expérience, qu'on pourrait décider la chose. Mais cela est d'autant plus difficile que, abstraction faite d'erreurs volontaires et involontaires des témoins, la vision réelle, où le défunt apparaît, peut bien appartenir à une des huit sortes de visions dont nous avons parlé jusqu'ici. Par suite il peut toujours bien en être ainsi. Oui, même dans le cas où une apparition de cette espèce a révélé des choses que personne ne peut savoir, on pourrait, en conséquence des explications données à la fin du n° 7, expliquer cela peut-être comme la forme qu'aurait pu prendre ici la révélation d'une clairvoyance somnambulique spontanée; bien qu'il soit difficile de démontrer sûrement que ces phénomènes puissent se produire à l'état de veille ou même provenir d'un souvenir complet de ce qui s'est passé dans l'état somnambulique ; et que des révélations de cette sorte, autant que je sache, ne se produisent en tous cas que par le moyen des rêves. Mais il peut se présenter des circonstances qui rendent impossible même cette dernière explication. De nos jours où les choses de cette nature sont envisagées avec beaucoup plus d'impartialité que jamais, conséquemment aussi font l'objet de communications et d'examens bien plus attentifs, il nous est permis d'espérer recueillir sur ce point des expériences et des conclusions décisives.

Beaucoup d'histoires d'apparitions d'esprits sont, du reste, de telle nature, que, dès qu'on ne les tient pas pour tout à fait mensongères, il devient très difficile de trouver une autre explication. Et pourtant, dans beaucoup de cas, cette explication, qui consiste à les taxer de mensonge, a contre elle le caractère de celui qui a le premier rapporté le fait, l'empreinte de vérité et de droiture de son récit; plus que tout enfin, la parfaite ressemblance qu'on constate dans la nature et le dévelopement propre de ces prétendues apparitions, quels que soient les temps et les lieux, d'où émanent ces récits. Cela frappe d'autant plus quand la ressemblance porte sur des circonstances particulières qui ont été reconnues, pour la première fois de notre temps, par suite du somnambulisme magnétique et de l'observation plus rigoureuse de toutes ces choses, accompagnement assez fréquent de ces visions. On trouve un exemple de cette sorte dans l'histoire d'esprit, captivante au plus haut point, de l'année 1697 que cite Brierre de Boismont dans son observation 120. C'est la circonstance qu'un jeune homme, auquel apparaissait l'esprit de son ami, bien que s'entretenant avec lui 3 quarts d'heure, n'en voyait toujours que la partie supérieure. La réalité de cette apparition partielle de fantômes humains s'est trouvée confirmée par de nombreux cas qui se sont produits de notre temps, et a pu paraître comme une particularité qu'on relève parfois dans les visions de cette espèce. Aussi Brierre lui-même, pp. 454 et 474 de son livre, mentionne cette apparition partielle, sans faire allusion à cette histoire, comme un phénomène qui n'a rien de rare. Kieser, aussi, dans son *Archiv* (III, 2, p. 139) raconte le même fait de l'enfant Arst, en l'attribuant toutefois à la prétendue vue par l'extrémité du nez. En tout cas cette circonstance, dans l'histoire que nous venons de citer, nous donne la preuve que ce jeune homme, tout au moins, n'a pas inventé de toute pièce le fait de l'apparition. Mais alors il est difficile de l'expliquer autrement qu'à la condition d'admettre que c'était l'ami, noyé le jour avant dans une contrée lointaine, qui venait agir sur lui, conformément à sa parole donnée, qu'il dégageait ainsi. Une autre circonstance de même nature c'est la façon dont les apparitions s'évanouissent dès qu'on fixe volontairement l'attention sur elles. On trouve déjà l'indication de cela dans le passage souvent cité de Pausanias sur les bruits qui se font entendre dans le champ de bataille de Marathon ; que ne perçoivent que les personnes qui se trouvent là par hasard, et jamais celles qui seraient venus dans ce but. Des observations analogues se rencontrent, de notre temps, dans plusieurs passages de la *Voyante de Prévorst* (t. II, p. 10 et 38); où l'on trouve l'explication que les perceptions, que l'on doit au système ganglionnaire, sont aussitôt rejetées par le cerveau. Cela s'expliquerait, dans mon hypothèse, par le changement soudain de direction des vibrations des fibres du cerveau. — Qu'il me soit ici permis en passant de relever quelque chose qui concorde d'une manière très frappante avec cela : Photius dans son article *Damascius* dit : γυνη ιερα, θεομοίραν εχουσα φυσιν παραλογοτα την. ὑδωρ γαρ εγχεουσα ακραιφνες ποτηριῳ τινί των ὑαλινων, εωρα κατα του ὑδατος εισω του ποτηριου τα φασματα των εσομενων πραγματων, καὶ προυλεγεν απο της οψεως αυτα, ἁπερ εμελλεν εσεσθαι παντως. ἡ δε πειρα του πραγματος ουκ ελαθεν ἡμας. Si incroyable que ce soit, tout à fait la même chose nous est racontée de la *Voyante de Prévorst*, p. 87 de la 3ᵉ édition. — Le caractère et le type des apparitions d'esprits est si nettement déterminé et si propre, que celui qui a quelque habitude peut juger, rien qu'à lire de telles histoires, s'il s'agit d'une pure invention, ou si c'est une vision provenant d'une erreur d'optique ou d'une vision réelle. Il est souhaitable, et il y a lieu d'espérer, que nous aurons bientôt un recueil des apparitions de spectres, en Chine, qui nous permettra de voir si elles ne présentent pas, essentiellement, le même type et le même caractère que les nôtres et si également les circonstances accessoires et les particularités ne présentent pas les plus grands rapports avec celles qui accompagnent les apparitions d'esprits chez nous. S'il en était ainsi, ce serait, étant donnée la diversité fondamentale si courante des mœurs et des croyances, la meilleure confirmation du phénomène en question. Que les Chinois se fassent la même idée que nous de l'apparition d'un défunt, et des communications que nous en recevons, c'est ce qu'on peut voir par le récit de l'apparition d'esprit, toute fictive qu'elle est, qu'on trouve dans la nouvelle chinoise *Hing-lo-Tu* ou *La Peinture mystérieuse* traduite par Stanislas Julien et imprimée dans son *Orphelin de la Chine*, accompagné de *Nouvelles et de poésies*, 1834. — Je fais également remarquer, à ce point de vue, que la plupart des phénomènes qui sont la caractéristique des apparitions d'esprits, tels qu'on les trouve décrits dans les œuvres plus haut citées de Hennings, Wenzel, Teller, etc., plus tard ensuite dans celles de Just. Kerner, Horst et beaucoup d'autres, se trouvent déjà également dans de très anciens livres, par exemple, dans trois livres que nous avons sous les yeux, du xvie siècle, à savoir : celui de Lavater, *De spectris ;* celui de Thyræus *De locis infestis*, et un autre : *De spectris et apparitionibus Libri duo*, Eisleben, 1597, d'un anonyme, 500 p. in-4°. Les phénomènes de même sorte, c'est, par exemple, les coups frappés, la tentative apparente d'ouvrir les portes fermées, ou même des portes non fermées, le fracas d'un poids très lourd tombant dans la maison, tous les ustensiles de cuisine s'agitant avec un bruit d'enfer, ou du bois qui traîne sur le plancher, tout cela, le vacarme passé, se retrouvant dans le même ordre qu'avant, comme s'il n'avait été de rien. — C'est encore le bruit de tonneaux de vin qu'on roule, un cercueil qu'il semble qu'on cloue, quand une personne de la maison doit mourir ; ce sont des pas pesants et tâtonnants dans la chambre obscure ; des couvertures de lit qu'on tire ; des odeurs de pourriture ; des esprits qui apparaissent pour demander des prières ; etc. Et certes on ne saurait conjecturer que les auteurs, pour la la plupart très illettrés, de ces récits modernes, aient lu ces écrits anciens, rares et en langue latine. Parmi les arguments, qui tendent à prouver la réalité de ces apparitions d'esprits, il faudrait citer aussi le ton d'incrédulité, avec lequel les rapportent de seconde main les lettrés à qui nous devons ces récits. D'ordinaire, en effet, on y sent tellement une impression de contrainte, d'affectation et de gêne hypocrite qu'on sent transpercer la croyance secrète qui se cache derrière. — Je veux à cette occasion attirer l'attention sur une histoire d'esprit, d'une époque toute récente, qui mérite d'être étudiée avec plus de soin et mieux connue qu'elle ne l'est, racontée comme elle a été par une plume très maladroite dans les *Blättern aus Prevorst* : 8ᵉ recueil, p. 166. Et il y a à cela une double raison : parce que les déclarations relatives à ces faits ont été consignées dans des procès-verbaux judiciaires ; et ensuite pour cette circonstance du plus haut intérêt que l'esprit qui apparaissait, pendant plusieurs nuits, ne fut pas vu par la personne à laquelle il avait affaire et devant le lit de laquelle il se tenait, cette personne dormant ; mais simplement par deux de ses compagnons de prison, et plus tard enfin pour la première fois, par la personne elle-même, qui en fut alors si ébranlée, que de son propre mouvement elle avoua sept empoisonnements. Le récit se trouve consigné dans une brochure : *Verhandlungen des Assisenhofes in Mainz über die Giftmörderin Margaretha Iäger* Mainz, 1835. — Le procès-verbal des débats est imprimé in extenso dans un journal de Francfort la *Didaskalia* du 5 juillet 1835.

Mais j'ai maintenant à m'occuper du côté métaphysique de la chose ; puisque en ce qui touche le côté physique, ici le côté physiologique, le nécessaire a déjà été fait. — Ce qui, proprement, dans toutes les visions c'est-à-dire ces intuitions qui nous viennent par l'action de l'organe du rêve à l'état de veille, ce qui, dis-je, là, excite proprement notre intérêt, c'est leur rapport possible avec quelque chose d'empiriquement objectif, c'est-à-dire quelque chose de situé en dehors de nous et de distinct de nous. Ce rapport seul, en effet, peut faire de ces visions quelque chose d'analogue à celles des visions ordinaires de l'état de veille, que nous devons aux sens, et leur conférer une égale dignité. Par suite, des neuf sortes de causes de visions de cette espèce, que nous avons énumérées comme possibles, ce ne sont pas les trois premières qui sont intéressantes pour nous, puisque elles se ramènent à de simples hallucinations; ce sont les suivantes. La perplexité où nous sommes, quand nous considérons ces phénomènes de vision et d'apparition des esprits, vient proprement de ce que, quand il s'agit de ces perceptions, la distinction du sujet et de l'objet, cette première condition de toute connaissance, est justement douteuse, pas claire, très confuse. Est-ce en dehors de moi ou en moi? se demande — comme Macbeth à la vue du poignard qui plane devant lui — tout homme auquel une vision de cette sorte n'enlève pas son sang-froid. Un individu est-il seul à avoir vu un spectre, on veut que ce soit là quelque chose de simplement subjectif, quelque objectif que cela puisse être. Sont-ils, au contraire, deux ou plusieurs à avoir vu, à voir ou à entendre ? aussitôt on attribue à la vision la réalité d'un corps; parce que, en effet, empiriquement, nous ne connaissons qu'une cause *unique* qui puisse contraindre plusieurs hommes à avoir en même temps la même représentation visuelle ; et cette cause, c'est qu'un seul et même corps, réfléchissant en tous sens la lumière, affecte leurs yeux à tous. Seulement en dehors de cette cause d'ordre très mécanique, il pourrait bien y avoir encore d'autres causes capables d'expliquer l'apparition simultanée des mêmes représentations visuelles chez divers individus. Comme parfois deux individus font le même rêve (v. ci-dessus p. 278), donc, en dormant, par l'organe du rêve, perçoivent la même chose ; de même, à l'état de veille, l'organe du rêve chez deux (ou plusieurs) individus peut devenir actif de la même manière. Ce qui fait qu'un spectre, vu par eux tous en même temps, se présente avec le même caractère d'objectivité qu'un corps. Mais, d'une manière générale, la différence entre le subjectif et l'objectif, au fond, n'a rien d'absolu, mais est toujours relative. Tout objectif, en effet, toujours conditionné par un sujet, et même proprement n'existant qu'en lui, revient à être subjectif ; et c'est pour cela qu'en dernier lieu c'est l'idéalisme qui a raison. On croit la plupart du temps avoir renversé la réalité d'une apparition d'esprit, si on démontre que cette apparition a été conditionnée subjectivement. Mais de quelle valeur peut être cet argument pour celui qui a appris de Kant le rôle que jouent les conditions subjectives, dans l'apparition du monde des corps; et comment cette apparition, avec l'Espace où elle se produit, avec le Temps dans lequel elle se déroule et la Causalité, qui constitue l'essence de la matière, comment donc cette apparition avec toutes ses formes n'est que le produit des fonctions du cerveau, alors que cette apparition a été une fois provoquée par une excitation des nerfs, des organes des sens; de sorte qu'il ne reste plus que la question de la chose en soi. — La réalité matérielle des corps agissant du dehors sur nos sens n'est, il est vrai, pas plus celle des apparitions d'esprits que celle du rêve par l'organe duquel nous avons ces apparitions. Par suite on peut toujours nommer ces apparitions un rêve *éveillé* (A waking dream, insomnium sine somno; comp. Sonntag, Sicilimentorum academicorum Fasciculus de spectris et ominibus morientium, Altdorfii, 1716, p. 11). Seulement, au fond, elles ne perdent pas, pour cela, leur réalité. Du reste elles sont, comme le rêve, de simples représentations et, comme telles, n'existent que dans la conscience qui connaît : mais on peut dire la même chose de notre monde réel extérieur. Ce monde ne nous est donné, tout d'abord et immédiatement, que comme représentation et n'est, comme nous avons dit, qu'un simple phénomène cérébral provoqué par l'excitation nerveuse, et organisé d'après les lois qui président aux fonctions subjectives (formes de la sensibilité pure et de l'entendement). Veut-on avoir une réalité d'autre sorte? la question qui se pose c'est alors la question de la chose en soi, qui, agitée par Locke et résolue trop hâtivement, a été reprise par Kant, qui en a vu toutes les difficultés et l'a même abandonnée comme insoluble, et enfin a reçu par moi sa solution, quoique cependant avec une certaine restriction. Mais, en tout cas, de quelque manière que la chose en soi, qui se manifeste dans l'apparition d'un monde extérieur, se distingue *toto genere* de ce monde, ce qui se manifeste dans les apparitions d'esprits semble bien quelque chose d'analogue ; et dans les deux cas ce qui apparaît à la fin, c'est peut-être une seule et même chose, à savoir la volonté. Conformément à cela, nous trouvons qu'en ce qui concerne cette réalité objective des apparitions d'esprits, tout comme lorsqu'il s'agit du monde des corps, il se présente quatre système différents : un réalisme, un idéalisme, un scepticisme et finalement aussi un criticisme, dont les intérêts nous occupent maintenant. Une confirmation expresse de ces vues nous est fournie par les paroles suivantes de la voyante d'esprits la plus célèbre, et celle qu'on a observée avec le plus de soin, je veux dire la *Voyante de Prévorst* (Tome I, p. 12) : « Si les esprits ne peuvent se faire voir que sous cette forme, ou si mon œil ne peut les voir que sous cette forme; si mes sens ne peuvent les sentir qu'ainsi ; s'ils ne seraient pas pour un œil plus spirituel plus spirituels : ceci je ne saurais l'affirmer avec précision, mais j'en ai le pressentiment. » N'est-ce pas là quelque chose de tout à fait analogue à la doctrine de Kant : « Ce que les choses en soi peuvent être, nous ne le savons pas: nous ne connaissons que leurs manifestations. »

Toute la démonologie et la science des esprits de l'antiquité et du moyen âge, de même qu'aussi leur façon d'envisager la magie, qui en découle, ont pour base le Réalisme existant, encore inattaqué, et que Descartes a fini par ébranler. Ce n'est que l'idéalisme, tardivement mûri, de l'époque récente, qui nous a conduits, au point de vue d'où nous pouvons porter un jugement exact sur toutes ces choses, donc sur les visions et les apparitions d'esprits. Mais en même temps, d'autre part, d'une manière toute empirique, le magnétisme animal traînait à la lumière du grand jour la Magie, à toutes les époques, auparavant, recherchant l'obscurité pour s'y blottir définitivement, et faisait de ces apparitions d'esprits l'objet d'une froide recherche et de jugements portés en toute liberté. C'est toujours, en toutes choses, la philosophie qui a le dernier mot; et j'espère que la mienne, de même que, en posant comme réalité unique et toute-puissante de la nature la volonté, elle a rendu concevable la possibilité de la Magie et, en admettant qu'elle existe, l'a rendue compréhensible par sa manière de l'exposer, de même j'espère que la mienne, en faisant rentrer résolument le monde objectif dans le domaine de l'Idéalité, aura aussi ouvert la voie à l'opinion juste qu'il faut se faire des visions et des apparitions d'esprits.

L'incrédulité décidée que manifeste d'abord tout homme pensant à l'égard d'une part des faits de clairvoyance, et d'autre part des faits d'influence magique, *vulgo* magnétique, et qui ne fait que céder très tard à son expérience propre ou aux affirmations de centaines de témoins dignes de foi; cette incrédulité a une seule et même raison, à savoir que ces deux ordres de faits contredisent les lois connues par nous *a priori* de l'espace, du temps et de la causalité, — telles que nous les voyons déterminer dans sa complexité le cours de l'expérience possible : — les faits de clairvoyance avec cette faculté de connaître *in distans*, les faits de Magie avec cette faculté d'agir *in distans*. Et c'est ce qui fait que, quand on parle de faits semblables, non seulement on dit : « Ce n'est pas vrai », mais « ce n'est pas possible » (*a non posse ad non esse* ». Et cependant d'autre part on réplique : « Mais cela est » (*ab esse ad posse*). Cette opposition repose maintenant sur ce fait (et c'est une preuve de ce fait en même temps) que ces lois, qui nous sont connues *a priori*, ne sont pas du tout des lois absolues, les *veritates æternæ* des scholastiques ; ne sont pas une propriété de la chose en soi, mais qu'elles proviennent simplement des formes de la sensibilité et de l'entendement, que ce sont conséquemment des fonctions du cerveau. L'intellect, lui-même, qui consiste en ces formes, n'est apparu que pour poursuivre et atteindre les buts qui s'imposent aux manifestations de volonté que sont les individus, nullement pour comprendre la nature absolue de la chose en soi. C'est pour cela que, comme je l'ai expliqué dans mon livre (*Welt als W. und V.*, t. II, pp. 177, 273, 285-289, 3ᵉ édit. p. 195, 309, 322-326), l'intellect n'est qu'une force superficielle, qui ne touche essentiellement et partout que l'écorce, jamais l'intérieur des choses. Que celui qui veut bien comprendre ce que je dis ici, lise les passages indiqués de mon grand ouvrage. Mais maintenant il nous arrive une fois, par la raison que nous aussi cependant nous faisons partie de l'Etre intérieur du monde, d'éluder le *principium individuationis*, d'aller aux choses d'un tout autre côté, par une tout autre voie, à savoir par le dedans, au lieu d'y aller par le dehors, et ainsi de nous en rendre maîtres par la connaissance dans la claivoyance, dans la Magie par l'action. Alors, c'est justement pour cette connaissance cérébrale, dont nous venons de parler, un résultat d'acquis, qu'il lui aurait été réellement impossible d'atteindre par sa voie propre : aussi persiste-t-elle à le mettre en question. Un fait de cette nature ne se comprend que métaphysiquement; physiquement, c'est une impossibilité. Il s'ensuit d'autre part que la clairvoyance est une confirmation de la doctrine kantienne de l'idéalité de l'espace, du temps, et de la causalité; tandis que la Magie est en même temps la confirmation de ma théorie, que c'est la volonté qui est la réalité unique, comme le cœur de toutes choses. Par là encore se trouve confirmé le mot de Bacon que la Magie est la métaphysique pratique.

Souvenons-nous maintenant encore des autres explications données plus haut et de l'hypothèse physiologique, que nous avons exposée là-même, d'après laquelle toutes les visions qui se produisent par l'organe du rêve se distinguent de la perception ordinaire, celle qui constitue l'état de veille, par ce fait que dans cette dernière c'est le cerveau qui est excité du dehors par une action physique sur les sens, et c'est de là que lui viennent les données grâce auxquelles, en même temps qu'aux fonctions qui lui sont propres (à savoir la causalité, l'espace et le temps), il réalise sa vision empirique; tandis qu'au contraire, quand il s'agit de la vision par l'organe du rêve, l'excitation vient de l'intérieur de l'organisme, et du système nerveux plastique se propage dans le cerveau, lequel à son tour trouve là matière à une vision tout à fait semblable à la précédente. A propos de cette dernière il faut admettre, cependant, — l'excitation se produisant d'un côté opposé, donc ayant aussi une direction contraire, — que les vibrations ou, en général, les mouvements internes des fibres cérébrales, suivent, elles aussi, une direction opposée, ne s'étendent par suite que tout à fait à la fin aux nerfs sensitifs, lesquels donc sont ce qui entre en activité tout à fait en dernier lieu; au lieu que, dans la vision ordinaire, ce sont eux qui sont excités les premiers de tous. Si maintenant on admet que, — comme dans les rêves vrais, les visions prophétiques et les apparitions d'esprits — une vision de cette sorte doit se rapporter cependant à quelque chose de réellement extérieur, d'empiriquement existant, donc de tout à fait indépendant du sujet, qui cependant ne serait connu que par cette vision même, il faut alors que ce quelque chose entre de quelque manière en communication avec l'*intérieur* de l'organisme dont l'excitation provoque la vision. Mais une telle communication ne se laisse pas du tout empiriquement démontrer, et même, — puisque par supposition ce ne saurait être une communication dans l'espace, une communication venant du dehors, — on ne saurait à aucun moment s'en faire une idée empirique c'est-à-dire physique. Si donc cependant cette communication a lieu, c'est un fait qu'on ne peut comprendre que du point de vue métaphysique ; et il faut se représenter la chose comme une communication qui se produit, indépendamment du phénomène et de toutes ses lois, dans cette chose en soi, qui, constituant l'essence intérieure des choses, se trouve partout à la base de leur apparition, — et qu'on ne perçoit qu'après, quand les choses se manifestent. Et c'est maintenant cette communication qu'on comprend sous le nom d'action magique.

Si on se demande : qu'est-ce que cette voie de l'action magique qui se présente à nous toute semblable dans la cure sympathique et dans l'influence du magnétiseur éloigné, je réponds : c'est la voie que suit l'insecte qui meurt ici et qui de l'œuf, qui a défié les rigueurs de l'hiver, sort de nouveau plein de vie. C'est la voie par laquelle il arrive que, dans une multitude donnée, après une époque extraordinaire de mortalité, les naissances s'accroissent de la même façon ! C'est la voie qui ne connaît pas la lisière de la causalité dans le temps et l'espace. C'est la voie de la chose en soi.

Mais nous savons maintenant, par ma philosophie, que cette chose en soi, donc aussi l'essence intérieure de l'homme, est sa volonté, et que l'organisme de chacun, tout entier, tel qu'il s'exprime empiriquement, n'est que l'objectivation de cette volonté, plus exactement l'image qui se forme dans notre cerveau de cette volonté. Mais la volonté comme chose en soi existe en dehors du *principium individuationis* (Temps et Espace), ce principe par lequel les individus arrivent à l'existence séparée. Les limites qui proviennent de l'action de ce principe n'existent donc pas pour la volonté. Ainsi s'explique, — aussi loin que notre vue peut atteindre quand nous nous risquons sur ce domaine, — ainsi s'explique la possibilité de l'action immédiate des individus l'un sur l'autre, indépendamment de toute distance petite ou grande, cette action qui se manifeste en fait dans quelques-unes des neuf espèces de visions énumérées plus haut : visions perçues à l'état de veille par l'organe du rêve et plus souvent visions qu'on a pendant le sommeil. Par là également, par cette communication immédiate, fondée dans l'essence intime des choses, s'explique la possibilité du rêve vrai, de la connaissance du milieu immédiat dans le somnambulisme, et finalement de la clairvoyance. La volonté de l'un, que ne gênent pas les limites de l'*individuation*, en agissant sur la volonté de l'autre, immédiatement et *in distans*, se trouve par cela même avoir agi sur l'organisme de ce dernier qui n'est que sa volonté même vue dans l'espace. Si maintenant l'action, qui se produit par cette voie, touchant l'intérieur de l'organisme, s'étend à ce qui en est préposé à la direction, le système ganglionnaire, et de ce dernier, vainement isolé, se propage jusqu'au cerveau, elle ne peut alors qu'être élaborée par ce dernier de la façon qui lui est propre. Elle doit, c'est-à-dire, provoquer en lui des visions tout à fait identiques à celles qui naissent de l'excitation extérieure des sens, donc des images situées dans l'espace à trois dimensions et se mouvant dans le temps conformément à la loi de Causalité, etc.... Les unes et les autres sont, en effet, des produits de la fonction intuitive du cerveau, et le cerveau ne peut jamais parler que sa propre langue. En attendant, une action de cette sorte porte toujours en soi le caractère, l'empreinte de son origine, donc de ce d'où elle est sortie et l'imprime conséquemment à la forme qu'elle provoque après un si long détour dans le cerveau, si différente que puisse être de cette dernière son essence intime. Supposons, par exemple, qu'un mourant, par sa grande vivacité de regret ou tout autre intention de volonté, agisse sur une personne éloignée ; si cette action est très énergique, son image naîtra dans le cerveau de l'autre, c'est-à-dire lui apparaîtra tout comme un corps existant réellement. Mais, manifestement, une action de cette sorte, se produisant par l'intérieur de l'organisme sur un cerveau étranger, sera moindre si le cerveau sommeille que s'il est à l'état de veille; parce que dans le premier cas ses fibres sont sans mouvement, dans le dernier cas elles ont déjà un mouvement opposé à celui qu'elles doivent alors avoir. Conséquemment, dans le sommeil, une action de la nature de celle dont nous parlons, se manifestant par les rêves, ne pourra être que plus faible; dans l'état de veille au contraire elle pourra susciter des pensées, des sensations, des troubles, le tout cependant toujours conforme à son origine et portant cette empreinte. De là par exemple, parfois, un instinct, un penchant inexplicable, mais irrésistible de voir la personne d'où émane cette action : et aussi, tout au contraire, la possibilité d'écarter du seuil de notre maison, par le simple désir de ne pas la voir, la personne qui veut venir, même quand nous l'avons appelée et qu'elle a reçu de nous une invitation formelle (*experto crede Ruperto*). C'est sur cette action, dont la raison est l'identité de la chose en soi dans tous les phénomènes, que repose aussi la nature contagieuse, bien reconnue en fait, des visions, de la seconde vue et des apparitions d'esprits, dont l'effet a pratiquement le même résultat que celui qu'exerce un objet corporel sur les sens de plusieurs individus en même temps, et qui fait que, par suite, plusieurs individus sont à voir au même moment la même chose, laquelle se trouve ainsi constituée tout à fait objectivement. Sur cette même action directe repose encore cette communication immédiate des pensées, souvent remarquée, et qui est si certaine que je conseillerai à celui qui a un secret important et redoutable à garder de ne jamais parler à la personne, qui ne doit pas le connaître, de l'affaire à laquelle il a trait. En parlant de cela, il aurait forcément présente à l'esprit la chose tout entière ; et cela suffirait pour que soudainement une lumière se fasse dans l'esprit de l'autre. Il se fait une communication de pensée que n'empêchent ni le silence ni la feinte. Gœthe raconte (dans les « *Erlaüterungen zum W. O. Divan,* » sous la rubrique *Blumenwechsel*) que deux couples d'amoureux faisant ensemble un voyage d'agrément se proposaient mutuellement des charades à deviner : « Mais bientôt non seulement chacun devinait la charade à peine proposée ; mais même le mot, que pensait l'autre couple et sur lequel roulait l'énigme, était aussitôt connu et exprimé par la divination la plus immédiate. » — Il y a de longues années ma belle hôtesse, à Milan, me demandait un soir à table quels étaient les trois numéros qu'elle avait pris à la loterie? Sans réfléchir, je lui nommais très exactement le premier et le second, mais ensuite étonné, interdit de ses manifestations de joie, et comme éveillé et réfléchissant, je me trompais sur le troisième. Cette action se manifeste, comme on le sait, à son plus haut degré chez les somnambules très clairvoyants qui, en réponse aux questions que leur pose quelqu'un, décrivent de la manière la plus exacte son habitation dans les pays les plus éloignés, ou tout autres terres lointaines qu'il a pu parcourir en voyage. La chose en soi est la même dans tous les êtres, et l'état de clairvoyance rend l'individu qui se trouve dans cet état capable de penser avec mon cerveau au lieu de penser avec le sien, qui est profondément endormi.

Comme maintenant, d'autre part, il est certain pour nous que la volonté, considérée comme la chose en soi, n'est pas détruite et anéantie par la mort, on ne saurait nier *a priori* qu'une action magique, de la nature de celle que nous venons de décrire, ne puisse absolument pas émaner d'un individu déjà mort. On ne peut pas davantage comprendre nettement la chose et en faire une affirmation positive, parce que d'une manière générale, s'il n'est pas impossible de concevoir la chose et l'examiner de près, on se rend compte cependant qu'elle présente de grandes difficultés, que je veux d'un mot indiquer ici. — Nous avons à nous représenter cette essence intime de l'homme, restée intacte dans la mort, comme quelque chose qui existe en dehors du temps et de l'espace. L'action de cette essence sur des vivants comme nous ne peut donc se produire que sous des conditions très nombreuses qui, toutes, devraient être de notre fait; de telle sorte qu'il serait difficile de dire quelle part en tout cela reviendrait réellement au mort. Une action de cette nature aurait non seulement tout d'abord à s'engager dans les formes intuitives du sujet qui la perçoit, donc à se présenter comme quelque chose d'étendu, de durable, comme quelque chose qui agit matériellement d'après les lois de la causalité; mais elle devrait aussi encore passer par le réseau des concepts de son intellect, puisque ce sujet ne saurait pas sans cela ce qu'il a à faire en conséquence et que le spectre, de son côté, ne veut pas seulement être vu, mais veut aussi être compris dans ses vues et les actes qu'il fait en conséquence. Le spectre aurait donc, pour cela, à s'accommoder encore et s'attacher aux vues étroites et aux préjugés du sujet en ce qui concerne l'ensemble des choses et du monde. Mais bien plus encore ! Ce n'est pas seulement, si l'on en croit l'exposition que je viens de faire, qu'il faut admettre que nous voyons les esprits par l'organe du rêve et en conséquence d'une action s'exerçant de l'intérieur sur le cerveau et non, comme d'ordinaire, du dehors par l'intermédiaire des sens; c'est encore J. Kerner lui-même, le représentant le plus autorisé de la réalité objective des apparitions d'esprits, qui nous dit la même chose dans cette assertion souvent répétée « qu'on ne voit pas les esprits avec les yeux du corps, mais avec les yeux de l'âme. » L'apparition des esprits, d'après cela, quoique se réalisant par une action de l'intérieur sur l'organisme, une action provenant de l'essence intérieure des choses, donc une action magique qui se propage par le moyen du système ganglionnaire jusqu'au cerveau ; l'apparition des esprits est donc perçue à la façon dont sont perçus les objets extérieurs qui agissent sur nous par la lumière, l'air, le bruit, le contact et l'odeur. Quel changement ne devrait pas subir l'action supposée d'un mort pour une telle transposition, pour un schématisme si totalement nouveau ! Mais comment admettre encore qu'alors et au prix de tels détours puissent s'engager de ces dialogues véritables avec demandes et réponses, dont on nous parle si souvent? — Remarquons ici, en passant, que le côté risible tout aussi bien que redoutable, qui s'attache, plus ou moins, à ces affirmations d'apparitions d'esprits, accompagnées de telles circonstances, et qui fait qu'on hésite à les faire connaître, vient de ce que celui qui les raconte en parle comme de perceptions qu'il aurait eues par les sens extérieurs mais qui certainement ne sont pas, déjà par cette raison qu'autrement un esprit devrait être vu et perçu de la même façon par toutes les personnes présentes. Mais distinguer une perception provenant d'une action intérieure, et seulement extérieure en apparence, d'une simple imagination, n'est pas le fait de chacun. — Telles seraient donc, si l'on admet comme réelle l'apparition des esprits, les difficultés qui se présentent du côté du sujet qui les perçoit. Mais si l'on se place au point de vue du mort qui agirait de la manière qu'on a dite, il en apparaît d'autres. Dans ma doctrine, la volonté seule a une réalité *métaphysique* qui fait qu'elle est indestructible par la mort. L'intellect, au contraire, en tant que fonction d'un organe corporel, est quelque chose de simplement *physique*, et disparaît avec cet organe. Par suite, comment un mort peut-il encore prendre connaissance des vivants, pour agir ensuite en conséquence sur eux ? C'est là un point très problématique. Ce qui ne l'est pas moins, c'est le mode de cette action sur les vivants : puisqu'en perdant la *corporalité*, il a perdu tous les moyens ordinaires, c'est-à-dire physiques, d'agir sur les autres, comme d'une manière générale sur le monde des corps.

Si nous voulions cependant accorder quelque vérité aux cas d'apparition qui nous parviennent par tant de voies et des voies si diverses, et qui affirment si délibérément une action objective des morts, il nous faudrait admettre, pour expliquer la chose, que, dans ces cas, la volonté du défunt reste toujours passionnément tournée vers les affaires terrestres et que, en l'absence de tous moyens physiques pour agir sur elle, elle a recours alors à la puissance magnétique qui lui appartient en sa qualité de pouvoir, de réalité première, donc métaphysique, conséquemment dans la mort comme dans la vie : puissance dont j'ai parlé plus haut et sur laquelle j'ai exposé plus au long mes idées dans mon « *Willen in der Natur* » sous la rubrique « *animalischer Magnetismus und Magie.* » Ce n'est que par le moyen de ce pouvoir magique que la volonté du défunt pourrait donc elle-même encore réaliser ce qu'elle a pu peut-être même dans sa vie terrestre, c'est-à-dire une actio *in distans* réelle sans l'aide du corps, conséquemment agir sur les autres d'une manière directe sans intermédiaire physique, en affectant leur organisme de manière que s'offrent à leur cerveau des formes visuelles comme celles qu'il ne peut produire ordinairement que par suite d'une action extérieure sur les sens. Et même comme on ne peut concevoir cette action que comme une action magique, s'accomplissant par l'Etre intime des choses, identique partout, donc par la *natura naturans*, nous pourrions, s'il le fallait pour sauver à tout prix l'honneur de tant de personnes honorables, qui viennent témoigner de ces faits ; nous pourrions, en tous cas, tenter le pas décisif de ne pas limiter cette action aux organismes humains, et d'admettre, comme n'étant pas purement et simplement impossible, une action du même genre sur les corps sans vie, les corps inorganiques, qu'elle pourrait ainsi mouvoir. Par là nous échapperions notamment à la nécessité de taxer d'inventions mensongères certaines histoires, des mieux confirmées, comme celle du Conseiller aulique Hahn, dans la *Voyante de Prevorst*, cette histoire qui n'est pas du tout isolée, et qui a son pendant tout à fait exact dans d'anciens écrits et même dans des relations récentes. Du reste ici, la chose confine à l'absurde. Le mode d'action magique lui-même, confirmé qu'il est et rendu croyable par le magnétisme animal, donc légitimement confirmé, n'offre en tout cas, jusqu'ici, dans la mesure de cette confirmation, d'analogue à une action de cette sorte, que le fait, — ne présentant avec elle qu'une faible ressemblance et dont on peut même douter, — le fait affirmé dans les « Mittheilungen aus dem Schlafleben der Auguste K... zu Dresdn, » 1843, p. 115 et 318, qu'il est souvent arrivé à cette somnambule de faire mouvoir à son gré, sans l'aide des mains, par sa seule volonté, l'aiguille magnétique.

Les vues que nous venons d'exprimer sur le problème qui nous occupe expliquent tout d'abord pourquoi, si nous voulons admettre même simplement la possibilité d'une action réelle des morts sur le monde des vivants, il nous faut admettre qu'une telle action ne peut être que très rare et tout à fait exceptionnelle; cette possibilité étant dépendante de toutes les conditions que nous avons dites et qui ne se trouvent pas facilement réunies. Il suit encore de cette conception que, si nous déclarons que les faits contenus dans la *Voyante de Prévorst* et les écrits tout voisins de Kerner, tous deux les recueils d'apparitions d'esprits les plus sérieux qui aient été imprimés ; si nous déclarons que ces faits ne sont pas purement subjectifs, simples *ægri somnia* ; si d'autre part nous ne nous contentons pas de voir là, comme nous l'avons expliqué plus haut, des faits de *retrospective second sight*, à la muette procession desquels, *dumb shew*, la voyante aurait ajouté le dialogue de son propre fonds ; mais si nous voulons, au contraire, voir à la base de ses faits une action réelle des défunts, — alors, cependant, l'ordre si révoltant d'absurdité, si bassement stupide, qui se dégage des indications et de l'attitude de ces esprits, n'acquiert nullement par là de fondement réel objectif, mais doit être exclusivement mis au compte du mode de sensibilité et d'intellect, — mis en jeu, il est vrai, par une influence extra-naturelle, mais restant toujours fidèle à lui-même, — de la voyante au plus haut degré ignorante, et toute confite dans les croyances du catéchisme.

En tous cas, en principe, et à voir directement les choses, une apparition d'esprit n'est rien de plus qu'une vision du cerveau du voyant. Qu'un mourant puisse du dehors provoquer une telle vision, c'est ce que l'expérience a souvent montré. Qu'un vivant le puisse encore, cela a été, en tous cas, dans plusieurs circonstances confirmé de bonne part. La question qui se pose est simplement de savoir si un mort peut en faire autant.

Enfin on pourrait, pour cette explication des apparitions d'esprits, invoquer encore cette considération, que la distinction entre ceux qui ont vécu autrefois et ceux qui vivent encore n'est pas absolue ; que, chez tous également, c'est la même volonté de vivre qui se manifeste (*in beiden der eine und selbe Wille zum Leben erscheint*) : un vivant, retournant au passé, pourrait donc avoir des *réminiscences* prenant l'apparence de communications d'un défunt.

Si, par toutes ces considérations, j'ai pu parvenir à jeter même seulement peu de lumière sur un sujet très important et très intéressant, à propos duquel, depuis des milliers d'années, deux partis se heurtent, l'un assurant tenacement : « Cela est! » l'autre répétant obstinément « cela ne peut pas être », — si j'ai fait cela, j'ai réalisé tout ce que je pouvais me promettre de mon entreprise, tout ce que le lecteur pouvait raisonnablement attendre de moi.

SCHOPENHAUER.

TABLE DES MATIÈRES

Note bibliographique. v
Préface. ix

I. Magnétisme animal et Magie. 1
II. Le destin de l'individu. 63
III. Essai sur l'apparition des esprits et ce qui s'y rattache 113

LA ROCHE-SUR-YON
IMPRIMERIE CENTRALE DE L'OUEST
56-60, RUE DE SAUMUR

20 avril 88

www.ingramcontent.com/pod-product-compliance
Lightning Source LLC
Chambersburg PA
CBHW060357170426
43199CB00013B/1896